报纸编辑艺术
报纸编辑艺术
报纸编辑艺术
报纸编辑艺术
报纸编辑艺 纸编辑艺术
报纸编辑艺 纸编辑艺术 报纸编
报纸编辑 纸编辑艺术 报纸编
报纸编辑 纸编辑艺术 报纸编
报纸编辑 辑艺术 报纸编
纸编辑 纸编
报纸编辑艺 报纸编辑艺术
纸编辑艺 报纸编辑艺术
纸编辑艺 报纸编辑艺术
纸编辑艺 报纸编辑艺术
报纸编辑艺术
报纸编辑艺术
报纸编辑艺术

报纸编辑艺术

和家胜/著

云南大学出版社

图书在版编目（CIP）数据

报纸编辑艺术/和家胜著．—昆明：云南大学出版社，2008（2011 重印）

ISBN 978－7－81112－697－6

Ⅰ．报…　Ⅱ．和…　Ⅲ．报纸编辑　Ⅳ．G213

中国版本图书馆 CIP 数据核字（2008）第 153865 号

报纸编辑艺术

和家胜　著

责任编辑：李兴和　刘　焰
封面设计：刘　雨
出版发行：云南大学出版社
印　　装：昆明宝王印务有限公司
开　　本：787mm×1092mm　1/16
印　　张：11.625
字　　数：230 千
版　　次：2008 年 7 月第 1 版
印　　次：2011 年 8 月第 2 次印刷
书　　号：ISBN 978－7－81112－697－6
定　　价：30.00 元

地　　址：昆明市翠湖北路 2 号云南大学英华园内（邮编：650091）
发行电话：0871－5033244　5031071
网　　址：www. ynup. com
E－mail：market@ ynup. com

序

报纸编辑是一门专业性很强的学问，是老学科，新领域。现代报纸的一大明显趋势，就是越来越注重编辑的策划和主导作用。加强报纸编辑学的研究，对于创新报纸的理论与实践，不断发挥平面媒体的独特优势，增强主流媒体的核心竞争力，具有重要的学术价值和实践意义。

和家胜先生的学术专著《报纸编辑艺术》的出版，让我们眼前一亮，有耳目一新之感。这是一本有较高学术价值、有新意和有创意的专著。该书有五个显著特点：新颖、实用、全面、简洁、创新。特别是该书的第一章“办报要有灵魂有报格”、第二章“策划打造核心竞争力”和第十二章“好版面的特点及创新”，在总结和传承别人成果的基础上，着眼于当今报业发展的新特点和读者的新需求，提出了很多大胆的、有创见性的重要学术观点。对于丰富和创新报纸编辑学的研究，培养报纸编辑新人和指导报纸编辑工作实践作出了积极的贡献。

和家胜先生毕业于云南大学中文系汉语言文学专业，曾任《云南大学报》主编、云南大学党委宣传部副部长、云南大学国际现代设计艺术学院院长，现任云南大学艺术与设计学院党委书记，并一直在该校人文学院新闻专业、成人与职业技术学院新闻专业和全校性素质选修课中开设《报纸编辑学》、《新闻写作与编辑》、《大学语文》等课程，受到了学生的普遍欢迎和好评，是云南省报纸编辑领域中一位具有丰富办报实践经验和教学经验的知名学者。曾有学生赞扬他道：“您是我心目中最好的一块版面。”

和家胜先生曾先后出版诗集《我的五月》，新闻作品论文选《魂系东陆园》，现又出版《报纸编辑艺术》，可谓成果丰硕，在此特表祝贺。

徐体义

云南日报报业集团副社长、总编辑

目　录

序 …………………………………………………………………… (1)

第一章　办报要有灵魂有报格 …………………………………… (1)
　第一节　处在激烈竞争中的我国报业现状 ……………………… (1)
　第二节　办报要始终坚持责任至上的原则 ……………………… (2)
　第三节　报纸的竞争主要是各报社长、总编辑、总经理之间素质的竞争 ………………………………………………………… (3)
第二章　策划打造核心竞争力 …………………………………… (5)
　第一节　策划的重要意义 ………………………………………… (5)
　第二节　策划的主要种类 ………………………………………… (8)
　第三节　策划的操作要点 ……………………………………… (11)
　第四节　策划的组织实施 ……………………………………… (13)
第三章　编辑的主要任务 ………………………………………… (16)
　第一节　决策与策划 …………………………………………… (16)
　第二节　组织与协调 …………………………………………… (17)
　第三节　选择与把关 …………………………………………… (18)
　第四节　加工与制作 …………………………………………… (19)
　第五节　发言与多能 …………………………………………… (20)
第四章　编辑的修养 ……………………………………………… (22)
　第一节　要有较强的大局意识、政治观念、政治理论水平、责任感、创新意识及政策水平 ……………………………………… (22)

第二节　要有较强的新闻敏感性及较强的业务工作能力 …………… (24)
第三节　要有强烈的爱岗敬业精神、奉献精神及严谨的工作作风 …… (24)
第四节　要有较渊博的科学文化知识并努力成为学者型编辑 ……… (25)
第五节　要有较强的职业道德修养和人格魅力 ……………………… (26)
第六节　要有过硬的心理素质和较强的与人打交道的能力 ………… (27)
第七节　要有良好的身体条件和熟练掌握外语的能力 ……………… (28)
第八节　要有熟练掌握现代传播技术操作的能力 …………………… (29)
第五章　编辑方针 ………………………………………………………… (30)
第一节　编辑方针的制定 ……………………………………………… (30)
第二节　编辑方针的作用 ……………………………………………… (32)
第三节　编辑方针的常见形式 ………………………………………… (34)
第六章　稿件的组织与选择 ……………………………………………… (36)
第一节　稿件的组织 …………………………………………………… (36)
第二节　稿件的选择 …………………………………………………… (39)
第七章　稿件的修改 ……………………………………………………… (44)
第一节　修改稿件的意义及原则 ……………………………………… (44)
第二节　修改稿件的方式与程序 ……………………………………… (46)
第三节　修改稿件的基本方法 ………………………………………… (48)
第四节　修改稿件的常用符号 ………………………………………… (69)
第八章　稿件的配置 ……………………………………………………… (70)
第一节　稿件配置的意义和类型 ……………………………………… (70)
第二节　稿件的组合 …………………………………………………… (71)
第三节　稿件的配合 …………………………………………………… (73)
第九章　标题的制作 ……………………………………………………… (80)
第一节　标题的概念 …………………………………………………… (80)
第二节　标题的作用 …………………………………………………… (80)
第三节　标题的基本要求 ……………………………………………… (82)
第四节　标题的种类 …………………………………………………… (86)

第五节　实题和虚题 …………………………………………………… (91)
第六节　标题与新闻文体 ………………………………………………… (93)
第七节　标题的排列与美化 ……………………………………………… (96)
第八节　标题的制作艺术 ……………………………………………… (100)
第九节　标题的制作方式 ……………………………………………… (104)
第十节　标题的制作程序 ……………………………………………… (106)
第十章　版面的基本常识和编排原则 ……………………………………… (108)
第一节　版面的概念 …………………………………………………… (108)
第二节　版面的意义和作用 …………………………………………… (109)
第三节　常用版面术语 ………………………………………………… (111)
第四节　版面空间与版面符号 ………………………………………… (114)
第五节　组版构想与版面布局原则 …………………………………… (119)
第六节　编排的政治性与技巧性 ……………………………………… (121)
第七节　稿件的安排 …………………………………………………… (122)
第八节　版面的美化 …………………………………………………… (125)
第九节　版面的主要技术要求 ………………………………………… (128)
第十节　组版的程序与技巧 …………………………………………… (131)
第十一章　版面的类型、流派与风格 ………………………………… (133)
第一节　版面的类型 …………………………………………………… (133)
第二节　报纸的流派 …………………………………………………… (144)
第三节　版面的风格 …………………………………………………… (145)
第十二章　好版面的特点及创新 ……………………………………… (146)
第一节　好版面是件艺术品 …………………………………………… (146)
第二节　好版面的重要标志 …………………………………………… (147)
第三节　版面创新是时代发展的要求 ………………………………… (151)
第四节　版面创新的具体方法 ………………………………………… (152)
第十三章　党报、都市报、晚报、行业报的编辑 ……………………… (156)
第一节　党报的编辑 …………………………………………………… (156)

第二节 都市报的编辑 …………………………………………………… (158)

第三节 晚报的编辑 …………………………………………………… (159)

第四节 行业报的编辑 …………………………………………………… (159)

第十四章 图片的编辑 …………………………………………………… (161)

第一节 图片的地位和作用 …………………………………………… (161)

第二节 图片来源和选用标准 ………………………………………… (162)

第三节 图片安排的主要形式 ………………………………………… (163)

第四节 图片的设计制作 …………………………………………… (166)

第五节 图片的文字说明 …………………………………………… (166)

第十五章 专栏及专版的编辑 ………………………………………… (167)

第一节 专栏的概念 …………………………………………………… (167)

第二节 专栏的种类 …………………………………………………… (168)

第三节 专栏的体式 …………………………………………………… (168)

第四节 专 版 …………………………………………………………… (169)

第十六章 副刊的编辑 …………………………………………………… (171)

第一节 何谓报纸的副刊 …………………………………………… (171)

第二节 报纸副刊的类型 …………………………………………… (172)

第三节 如何办好报纸的文艺副刊 ………………………………… (173)

第十七章 报纸电子编辑工作及流程 ……………………………… (175)

第一节 报纸电子编辑应具备的素质 ……………………………… (175)

第二节 报纸电子编辑流程 ………………………………………… (176)

第三节 版面设计与电子排版 ……………………………………… (176)

后 记 …………………………………………………………………… (179)

第一章　办报要有灵魂有报格

“十一五”是我国报业发展的战略机遇期。报业正处在一个可以改变自己的时代，坚持责任至上原则是报社永恒的追求。在当前形势下，报纸的竞争，说到底，主要还是各报社长、总编辑、总经理之间素质的竞争。

第一节　处在激烈竞争中的我国报业现状

“十一五”时期是我国全面建设小康社会的关键时期，也是我国报业发展的至关重要的战略机遇期。

当前，我国报业的形势用十四个字来概括就是：“机遇与困难同在，希望与挑战齐存。”

改革开放以来，我国报业有了巨大的发展。日报的消费量已居世界第一，报纸品种也更丰富多彩。毋庸置疑，中国是报纸大国，但作为发展中国家，个人拥有报纸量都进不了世界前十名。据新闻出版总署的数据，截至2005年7月，全国共出版报纸1 926种。

同样来源的数据表明，截至上述日期，中央级报纸有218种，占中国报纸总量的11.3%；省级报纸有806种，占总量的41.8%；地市级报纸有848种，占总量的44%；县市级报纸有54种，占总量的2.8%。

中国报业的发展是不平衡的。在各省、自治区、直辖市中，出版报纸最多的省份为广东省，截至2005年7月，该省共出版100种报纸；出版报纸最少的为宁夏回族自治区，仅有15种。

当前，中国的报业正面临双重压力和双重竞争：

一、信息时代已经来临，电子传媒发展迅速

以电视为例，一方面，从中央到各省、市、县，都办起了正规的电视台。一些企事业单位也办起了自己的内部台，加上从空中涌入的卫星电视，几十个频道伸进居民家中，一天24小时有节目，边远地区的人们托广播电视“村村通”之福，也能收看卫星电视了。另一方面，人民生活水平迅速提高，国产电视机制造业突飞猛进的发展，带来电视机在全国范围内的大普及。电视这种传播媒介，有声音、有图像、有色彩，形象生动，时效性强，比之于传统的印刷媒体——报

纸，的确有很大优势。一向位居传播业第一把交椅的报纸，遇到了强有力的挑战。

堪称“雪上加霜”的是，以电脑显示器为界面的互联网又异军突起，以其容量大、时效快、功能多、覆盖面广、双向互动、超文本、多媒体的优势，为公众提供了崭新的信息渠道，被称为“第四媒体”，并大有向传统媒体问鼎之势。

面对新兴媒体咄咄逼人的竞争态势，报纸如不改进版面内容和编排手法，原有的优势势必会丧失。

二、报业内部的竞争空前激烈

目前，全国报纸已有两千多家，形成了一个庞大的产业。各地区、各行业、各阶层、各领域都有自己相应的报纸，几乎找不到一块“未开垦的处女地”。在同一地区或同一领域，往往是几家报纸挤在一起，它们之间并非“井水不犯河水”，而是或明或暗地展开竞争。有些“不安分”的报纸，身在这一领域，却把触角伸到另一个领域，甚至全方位地向外拓展。它们争夺的目标很明确：读者的眼球。有读者才有社会影响力，有社会影响力才有发行量，有发行量才有广告收入和发行收入，有收入才有报纸的生存和发展。

在2006年8月出台的《全国报纸出版业十一五发展纲要》提出：“十一五期末，将力争使我国千人日报拥有量达到平均每千人90份，报纸普及率达到平均每户0.3份。”这是一个十分令人鼓舞的好消息。如何实现以上发展目标？如何在日趋激烈的媒体竞争和行业竞争中立于不败之地？这是当前全体报人都在思考和为之不懈努力的头等大事。

出路只有一个：不断提高竞争力是报业发展的永恒主题，而检验竞争力的标准无疑是质量效益。

第二节　办报要始终坚持责任至上的原则

如何评价我国报纸几十年来所取得的成绩？

回答是肯定的：我国一代又一代的报人与其他媒体一代又一代的新闻工作者一样，为党的新闻宣传事业作出了重要贡献。

特别是四川汶川大地震发生后，在大灾面前，中国全体报人与其他媒体的新闻工作者一样，交出了一份优秀的答卷。

“5·12”，是一个让国人撕心裂肺、难以忘怀的日子。如果没有传媒，灾区将会怎样？

汶川大地震，是上天给刚刚经历过冰雪灾害的中国抛出的又一份高难度的考卷。必须作答的不仅仅是灾区民众、党和政府、国民乃至军队，也包括报纸、通讯社、电视、广播等新闻媒体。面对自然界这次严峻的拷问，我们的新闻媒体如何作答？

在各个媒体给出的答案中，你可以看到这样的词汇：打破常规、机制突破、及时、准确、公开、透明、快速反应、先声夺人、有序组织、整合版面、人本主义、人文关怀，核心战斗力，使命、责任，职业精神……新华社第一时间发出的震灾消息，《人民日报》破例推出的报道特刊，中央电视台创纪录的《抗震救灾　众志成城》直播节目，回响在灾区角落的中央人民广播电台的《中国之声》，四川卫视24小时的直播……中央与地方媒体破天荒的"全制式"立体报道，像一条条坚实的纽带，将灾区与全国、中国与世界连接起来。

这场举国参与、万众一心的抗震救灾战役向人们昭示：在开放的新闻背后，是一个开放的政府；在开放的政府背后，是一个开放的社会；在开放的社会背后，是一个开放包容、坚忍顽强、热情善良、守望相助的民族。

"新闻事业不仅仅是一门职业，它还是一种召唤。"这是四川汶川大地震之后，全体中国新闻工作者的感悟。

实践证明，我国的新闻工作者不愧是一支政治强、业务精、纪律严、作风硬，党和人民完全可以信赖的队伍。而铸就这支队伍灵魂和报格的就是新闻工作者的责任和良心。

坚持责任至上，即坚持政治责任感和社会责任感至上，这应成为我国所有报纸当前和今后办报的恒定不变的最高准则。

在当前办报的实际工作中，坚持责任至上，就是要把提高舆论引导能力放在突出位置，认真贯彻胡锦涛总书记2008年6月20日视察《人民日报》时就此问题所作的五点重要指示，以实际行动把报纸办成让党放心、让人民满意的报纸。

第三节　报纸的竞争主要是各报社长、总编辑、总经理之间素质的竞争

目前，业内普遍认为：报纸要有竞争力，关键是报社要有一个好的领导班子和理想的工作运作模式。

好的领导班子是指：报社领导班子要团结、坚强、开拓、创新。

其基本道理是：处在当下开放年代的中国的任何一家报社，其所处的外部条件和环境，即国家的新闻政策都是一样的。而有最大变数的就是人，就是报社内部的最高领导，他们的素质直接决定着处在激烈竞争中的报社的命运。

报社的"三巨头"主要是指：社长、总编辑、总经理。在工作上，他们虽

有分工不同，但也有协作。社长主要管报社的整体工作；总编辑主要管报纸的编辑、出版；总经理主要管报纸、广告的营销。

对报社“三巨头”的个人素质要求，虽各有侧重，但总体是一致的。那就是：他们必须是政治家、新闻家、经济学家、学者和社会活动家；他们不仅要有杰出的个人风范和人格魅力，而且还要有卓越的领导、组织、管理和策划才能。

理想的工作运作模式是指：实现“三驾马车”一起动和“三个轮子”一起转。

“三驾马车”一起动：即报社的“三巨头”任何时候都要团结得像一个人一样，心往一处想，劲往一处使；他们都是那种有极强的事业心、责任感、大局意识、奉献精神、进取精神和协作精神的人。

“三个轮子”一起转：即报社的编辑部、发行部、广告部能通力协作，密切配合。如果把报纸看做是一部三轮车的话，那第一个轮子就是编辑部，它是创造潜在社会效益的；第二个轮子是发行部，它将编辑部创造的潜在效益转化为现实效益；第三个轮子是广告部，它将编辑部和发行部创造的社会效益转化为经济效益。或换句话说，办报是报业经营的关键，发行是搞好经营的“牛鼻子”，广告是经营上主要的经济来源和增值点。

实践已充分证明：报纸的竞争主要是各报社长、总编辑、总经理之间素质的竞争。如果报社有一个好的领导班子，再加上有一个好的工作运作模式，那么这个报社的工作就充满生机、活力和希望。也就会有一张或几张有竞争力的报纸。

我们所处的时代，是一个呼唤新闻大家，也一定能出新闻大家的时代。而作为报社，如果要出新闻大家，这个新闻大家首先就应是报社的社长、总编辑和总经理。

第二章　策划打造核心竞争力

"策划打造核心竞争力"，是当今我国报坛最响亮的一句口号。

策划是一门科学和艺术。加强策划是时代对报业提出的迫切要求，也是报业自身发展的需要。

策划，代表着一种更高层次、更高水平的办报方式。策划的根本目的，是为了变被动为主动，打造核心竞争力，策划出精品来，策划出品牌来，靠精品打天下，靠品牌打天下。

第一节　策划的重要意义

一、什么叫策划

简单、概括地说，策划就是有计划地去抢新闻。

具体、详尽地说，策划是根据新闻规律，对报道运作诸环节的预先谋虑，即对报道什么和怎样报道的思考和设想。它追求创意和良谋，着眼于报道效果的优化。

或者换一种方式来表达，策划就是指报纸的总编辑、部门主任、每个版面的责任编辑以及记者，在某一个特定的时期内围绕一定的目标，按照新闻规律，在已经掌握的新闻事实的基础上，进一步发掘已知、预测未来、研究事实、制定相应的政策和策略，以求最佳报道效果的策划活动。它是一个有层次的系统工程。报纸编辑策划不仅包括报纸的发展规划、编辑方针、组版思想、专版、专栏的设置等宏观策划，还包括一篇新闻报道的微观策划。它既可是长期性的、历时性的，也可是短期的、即时性的。

策划，即过去报道经常所说的制订报道计划。策划的现象其实早已存在。20世纪初，世界上一些有影响的报纸就已经注意对重要事件的报道进行谋划。例如：《纽约时报》关于豪华游船"泰坦尼克号"沉没的报道，是这方面具有代表性的例子。1912 年 4 月 15 日凌晨，该报收到了美联社发出的第一份关于这艘游船触撞冰山的提要。虽然泰坦尼克号巨轮被誉为"一艘不会沉没的轮船"，但是编辑部主任卡尔·范安达了解到它的无线电报在第一次呼救后半小时已不再发声，便估计它已经沉没。在凌晨 3 点半以前，范安达已经组织好了这次报道。在船上的 2 200 多人中，有许多著名人物，于是他根据乘客名单，准备了一篇背景介绍，同时还准备了供头版使用的泰坦尼克号的照片。当天上午，其他报纸关于这一事件的报道还是不确切的。而《纽约时报》却以通栏标题报道了泰坦尼克号已经沉没的消息，轰动了世界。

策划在当今兴盛不是偶然的现象。我国实行改革开放以来，新闻事业迅速发展，对外交往日益增多，读者选择信息的机会大大增加，对信息质量的要求也与时俱进，日益提高。随着经济体制的转型，报业同样要接受市场的检验，于是进一步加剧了报纸之间的竞争。优胜劣汰，适者生存。过去那种“报不报由我，看不看由你”的状况难以为继。于是，策划便应运而生。可以说，策划是报界竞争的必然结果。

二、什么叫核心竞争力

核心竞争力又称核心能力，是1990年由美国企业战略管理专家C. K. 普拉哈拉德和G. 哈默尔提出的。指的是企业组织中的积累性知识，特别是关于如何协调不同的生产技能和整合多种技术的知识，并据此获得超越其他竞争对手的独特能力。

报纸的核心竞争力，是指报纸在经营和发展过程中胜过竞争对手的核心的资源和能力的总和，也即报社的总的软硬件条件。具体来说，它是报纸以主体业务为核心的，能够赢得读者、占领市场、获得最佳社会效益和经济效益，并在众多报纸中保持独特竞争优势的资源和能力。

核心竞争力是办好报纸的本钱和关键，十分重要。从宏观上讲，核心竞争力主要指报社的机制、人才、条件、待遇等；从微观上讲，核心竞争力主要指报社如何经常涌现办报的好思想、大智慧、金点子、好方案、好稿件、好题目、好版面及如何让团队不断提高凝聚力、向心力和战斗力等。

三、策划的意义

策划的意义主要有三点：

1. 从报道主题来说，策划能够充分发挥报道者的主观能动性。编辑策划是策划主体作用于被策划客体的一项主观能动性的思维活动。不论是对新闻事实报道的策划，还是参与其间的报道，都是报道者积极主动的行动表现。通过编辑策划，可以强化记者、编辑的新闻发现能力，以不一般的视角去看待相同的新闻事实，也可以迫使记者、编辑去发现、寻觅自己的独家新闻，写出独家报道。

策划可以打造报纸的核心竞争力，已是当今不争的事实。事实上，策划概念的提出及实施，为各报之间的竞争提供了机会，也为编辑体现自身的价值提供了广阔的舞台。或换句话说，策划，成就了大量的好报纸，也成就了大量的名编辑。

核心竞争力概念引入报业，主要强调了它的独有性和稀有性，强调本报是不可替代或别人很难替代，竞争对手很难效仿的。中国不少报纸核心竞争力低下，具体表现在重复办报现象严重，报纸栏目设置和报道方式大同小异，读者定位基本相同，而且在办报思路上也趋于一致。

2. 从报道客观来说，编辑通过策划能够使新闻价值得到充分的体现。编辑策划往往集中了集体的智慧，能够在不引人注目的新闻线索中发掘“价值昂贵的珍宝”和“带着露珠的鲜花”。编辑策划能够极大地开拓和有效地利用新闻资源，以集体的力量去预测新闻事实发展的趋势，从而做好超前的准备和成功的报道。有的新闻，按常规去报道未尝不可，但是如果加以认真策划，就可以使新闻事实本身所蕴涵的新闻价值得到更充分地凸现和张扬，琢璞为玉，使新闻的价值得以提升，影响进一步扩大，从而与其他报纸比起来高出一筹。

3. 从报道效果来说，编辑策划能够增强报纸的社会效应。新闻工作者不仅仅是社会现实的反映者，而是社会实践的参与者和促进者。通过策划，一方面新闻工作者能够更加深入生活、深入社会，与读者交流沟通；另一方面经过策划的深度报道、连续报道等，能收到更好的传播效果，能够最大限度地满足读者需求。

总之，策划之所以受到报业工作者的重视，受到新闻学者的关注，是因为一组成功的策划报道，不仅能给读者带来极大的满足感，还能给报社带来巨大的社会效应和无形的经济效益。

四、策划的原则

策划主要有五条原则需要遵循：

1. 可信。无论编辑如何策划，新闻报道都要实事求是、取信于读者。因为报道的策划不是目的，而是手段，目的是向读者提供更高质量的新闻，使报道取得更好的效果。弄虚作假永远是策划的天敌。

2. 立异。报道策划的价值在于通过精心谋划和周密组织使报道取得不同凡响的传播效果，因此从报道选题决策到报道方案设计都要追求与众不同、标新立异。编辑应永远牢记：变是唯一的不变。

3. 应变。任何策划都是对未来行动的谋略和规划，新闻报道的策划亦然。因此，要把握传播的主动权，策划者就要善于审时度势，随时因报道需要和情况发生变化而作修正和调整。

4. 实效。新闻报道策划的最终目的是使新闻报道获得良好的社会效益，同时也为新闻传媒争取更好的经济效益，力争“双赢”。

5. 可行。新闻报道策划的成果最终要在新闻报道实践中得到检验。因此，报道设计方案必须具有可操作性，越细越好，能够准确无误地指导新闻采编活动，而不是纸上谈兵。

第二节 策划的主要种类

策划按不同形式来分类，可分为不同种类的策划。

一、按时间来进行分类，策划可分为长期策划、中期策划、短期策划

长期策划：即确立一个时期的报道计划。通常是提前半年、一年、两年的策划，主要涉及可以预见的重大趋势性或战役性报道，往往需要花主要精力、花重金、花重兵，进行深入寻访。例如：在北京举办的29届奥林匹克运动会，很多报社提前两三年便着手筹备，同时陆续采取多种形式进行报道。而且这种报道是立体的、渐进的、大规模的。先是报道申奥成功，接着是报道奥运场馆建设，再次是报道圣火传递，最后是报道奥运会开幕式盛况及比赛情况等。

中期策划：即确立一个阶段的报道重点与选题计划。通常是重大战役或热点问题的报道。例如：党代会、人代会、政协会和年终报道、收入差距拉大、物价上涨过快、就业难、就医难、环保形势严峻等，都可以在几个月或一个月的时间内做准备。

在重大战役的报道方面，以《人民日报》2003年的“非典”时期报道策划为例，我们可以看出其中期报道策划的安排和组织情况。《人民日报》的这次阶段性的报道策划，大概可以分为如下四个阶段：

第一阶段即第一周期，病发突然。主要是报道中央的紧急决策，各医院的收治情况，医护人员在第一线与死神的搏斗情况。

第二阶段是进入第二周期后。一线稳住了阵脚后，群防群控、物资供应、组织协调等渐成工作重点。

第三阶段是战役重心的转移，即两手抓。一手抓防治“非典”，一手抓经济建设。

第四阶段是战役攻关。抗“非典”战役不单纯是一场与疾病的斗争，它折射出社会的方方面面，最后演变成一场激扬民气、检验国力、教育国民的大战役。

《人民日报》的抗“非典”系列报道，是一次成功的中期策划报道，它对全国人民取得抗“非典”战争的胜利，起到了积极的鼓舞作用。

短期策划：即提出规模性报道的具体方案。通常是针对临时发生的新闻事件

或某个需要立即关注的问题进行策划。要求编辑在几天、一天或几个小时，甚至几分钟内，拿出报道方案或设想。这里有日常报道的策划，也就是当日新闻和明日新闻，包括突发性事件报道的策划。

二、按照报道性质来进行分类，策划可分为突发性事件报道、热点问题或重大战役报道、日常报道

突发性事件报道：针对此类报道，往往是按事发前制定的普遍性应急方案实施。例如："泰坦尼克号"沉没、美国"9·11"恐怖事件、四川汶川发生8级强烈地震等均属突发性事件。对突发性事件的报道，编辑在策划中要关注详情和注重实效，占据处理问题的制高点，始终把握事态的发展，首发新闻和后续报道要一气呵成，同时也需要考虑后发制人的策略等。

重大突发性事件发生时，国内外知名大报立即组织策划报道，成功的案例较多。

国外例子有：美国《华尔街日报》对"9·11"恐怖事件的策划报道——2001年9月11日，美国纽约遭到恐怖分子袭击。总部位于纽约的著名财经类报纸《华尔街日报》与世界贸易大厦仅一街之隔，数十米之遥。在袭击发生后，报社总部遭到了严重破坏，所有办公人员紧急撤离现场。

在情况万分危急之时，《华尔街日报》的主编保罗·斯泰格尔作出明智决定，命令编辑人员在另一办公地点集合，记者则回家继续办公。他要求所有记者保持电话畅通，由编辑遥控指挥记者的采访。在非常艰难的情况下，报纸依然正常出版，并且发表了大量深入现场采访的独家新闻。《华尔街日报》对"9·11"事件的报道获得了当年的普利策突发新闻奖。

国内例子有：2008年5月12日14时28分，我国四川省汶川地区发生了8级强烈地震，地震给灾区人民的生命和财产造成了巨大损失。灾情就是命令，时间就是生命。地震发生后，作为中国第一大报的《人民日报》迅速作出反应，立即派出大量文字、摄影记者奔赴灾区进行采访，并从地震发生后的第二天，即从5月13日起，在第1版即要闻版用大量篇幅，报道了胡锦涛总书记、温家宝总理对灾区人民的关心、牵挂和支持以及温家宝亲赴灾区指挥抗震救灾的生动事例。同时该报还在4~8版，增设了"抗震救灾特刊"，每天刊发大量灾区人民自救自强和全国人民团结互助的感人稿件。《人民日报》这一系列的对四川汶川大地震突发事件的策划报道是非常成功的、精彩的。它让人们看到了中国的希望，它让中国感动了世界。

热点问题或重大战役的报道：这类问题是全社会关注的问题，应早做准备，考虑周全。例如：北京举办奥运会、"嫦娥"绕月飞船的发射等。这类热点新闻，必然引来各种媒体报道的大比拼。报纸不出奇制胜和拿出看家本领是不行的。

日常报道：针对此类报道，编辑要注意报道的创新。日常报道有一个问题，就是人们常常认为它是不需要策划的，这是不对的。这是造成不少稿件平庸的一个重要原因。我们主张：越是日常报道，越是要注意报道内容的策划，这是与其他报纸拉开差距的唯一选择。

三、按照新闻范畴来进行分类，策划可分为宏观策划、微观策划

宏观策划：常指通盘的策划和设计。具体来说，主要是指对报纸编辑方针的决策及根据新闻传播环境的变化而对编辑方针进行的调整。编辑方针则需重点突出办报宗旨、市场定位、读者对象、报纸风格、新闻处理态度等。此外，宏观策划还包括：报社的整体工作、改革发展规划、一个时期的报道思想和报道安排等。

微观策划：指包括报社的某个单项报道计划，某一版面、某一专栏、某一专刊的特别安排等。

应该说，在报社的实际工作中，各种策划的运用往往是相互交织、交叉在一起的。编辑在进行策划时可灵活掌握和运用。

四、按照报道对象来进行分类，策划可分为单篇策划、专题策划和栏目策划

单篇策划：这种策划是对个别稿件所做的零散的策划。这种策划有两个明显特点：一是被策划的稿件，主题集中，篇幅短小；二是动用的人力较少，委托一两位记者或通讯员即可实现。因此，它具有灵活多变、简便易行，见效快、使用面广的优势。多数情况下，版面编辑只要发现稿件是有价值的无需向编辑部领导请示批准，就可自行从事单篇策划。

专题策划：这种策划是围绕某一重大主题而进行的多篇稿件的策划。专题策划所形成的多篇稿件，有两种见报方式：一种是一次性集中刊登，形成半个、一个或几个“专版”。另一种是分期刊登，即首篇稿件刊出后，其他稿件陆续见报，形成一个“系列”。

根据主题的不同，专题策划可分为四种：

1. 可预知事件的专题策划。
2. 突发性事件的专题策划。
3. 非事件性新闻的专题策划。
4. 非新闻类稿件的专题策划。

栏目策划：这种策划的目的是将报纸已有或即将有的栏目变成“名牌产品”

和“拳头产品”。开设和调整栏目是版面编辑的分内之事，这项工作做好了，可以增强记者与其他作者为版面投稿的目的性，对读者产生持久的吸引力。例如：四川汶川发生8级大地震时，《光明日报》开设的“汶川地震特别报道”和《云南日报》开设的“汶川大救援 云南大行动”专栏，就很有震撼效果，很受读者欢迎。

第三节　策划的操作要点

一、建立科学的策划机制

策划能否成功，关键是能否从法治层面上建立科学、有效的策划机制。

“机制”本意是机器的构造及其动作原理，后来用以说明有机体或某些组织的内部结构，各部分的相互关系以及活动的原理等。

报道策划机制，指的是围绕特定报道任务，形成专门机构进行制度化的报道决策和运作活动。理想的报道策划机制是各方面人员相互协调，统一配置资源，容易发挥各人的智慧想出好点子、思路，形成流程清晰、规则明确、决策果断、责权分明、易显效果的系统。

目前，我国大的报社都建立起了比较规范的策划机制。该机制主要包括五项内容：

1. 以编委会为中心的报道策划机构。
2. 日常报道的首席策划制度。
3. 突发性事件的应急指挥机制。
4. 建立协调采编的报道模式。
5. 定期召开社外领导、专家、学者、教授策划会。

组织策划通常以采编业务会议的形式来完成。包括年会、月会和周会以及一天三会制度（采前会、编前会、定稿会）。

事实证明，策划机制越健全的报社，其报纸质量和水平越高。否则，则反之。

二、掌握策划的主要内容和方法

（一）策划的主要内容

1. 善于抓选题。策划的关键是善于抓选题。俗话说：“三个臭皮匠，顶个诸葛亮。”只要编辑和报道小组心齐、敢想、敢说、敢干，就没有找不到好选题的。

目前，受到我国读者普遍关注的热门话题主要有：

（1）世界各国家发展与变革的总趋势。

（2）事关世界和平及国家团结、统一的重大事件。

（3）触动社会神经并受海内外关注的重大纪念活动。

（4）公众感兴趣的高端政治新闻。

（5）高层人事活动。

（6）敏感的世界局部地区发生的战事及外事、国防新闻、港澳台新闻。

（7）解放军的变革动向。

（8）经济发展走势及重大财经事件。

（9）重大公共突发性事件。

（10）事关民生的社会热点、难点、疑点问题。

（11）提升中国威望与实力的重大科技进展。

（12）文化领域的焦点新闻。

（13）重大体育赛事。

（14）重要文艺晚会演出情况。

（15）知名人物群体和他们对时代的影响。

（16）与人们息息相关的爱情、婚姻、家庭问题。

（17）民族和宗教问题。

（18）地球生态环境的变化。

要把这些热门话题构造成一流话题，编辑在策划时应做到的“六个吃透”或“六个所想”：

（1）吃透中央精神，“想总理所想”。

（2）吃透读者心理，“想读者所想”。

（3）吃透本报的定位，“想总编辑所想”。

（4）吃透中国国情，“想基层所想”。

（5）吃透外国情况，“想外国人所想”。

（6）吃透事件要害和本质，想“思想家所想”。

2. 善于把握时机。有时，新闻本身的确重要，但并不适宜马上发布，或者有的细节不宜发布，因此要妥善确定策划的对象。如对突发性事件的报道，便有“分类掌握”原则，要掌握好报道的数量、规模和节奏，防止灾难、事故、案件等报道在一段时间内过于集中。

3. 善于用人。在报社，无论是编辑还是记者，其水平和素质是有高低之分的。在对重大报道的策划、采写、编辑时，一定要把那些公认的责任心强、能力强的优秀编辑、记者选派上，以确保“好钢用在刀刃上”，确保策划、报道任务顺利、出色地完成。

4. 善于争取各方力量的支持。凡重大报道任务的完成，从策划到实施，都是一个系统工程，离不了社内、社外方方面面的高度重视和大力支持。我们在此提议：对重要会议、重大突发性事件的采、写、编，最好由报社领导领衔，以便协调和调动社内外各种关系和力量，为最终能顺利完成策划、报道任务，创造必要的条件。

5. 处理好“内稿”与“外稿”的关系。“内稿”即本报记者、编辑根据策划方案所撰写的稿件；“外稿”即从通讯社、通讯员、投稿积极分子等处获取的稿件。目前，我国各大报社的用稿原则是：以“内稿”为主，以“外稿”为辅。两者同等重要，不可偏废。

（二）策划的主要方法

目前，报社普遍采用的策划方法主要有两种：

1. 系统方法。所谓系统方法，就是对报道对象所涉及的各种关系和各个环节，进行全方位的思考。社会热点、工作重点、重大事件、重要典型，涉及的关系和环节更多、更复杂，十分需要运用系统方法进行统筹考虑，以便能充分、全面、深刻的报道，提高其吸引力和影响力。

2. 参照方法。所谓参照方法是以别人成功的经验和失败的教训为基础，通过对比、评估获得最有价值的信息和观念，并将其运用于自己的实践。因此，不会或很少会犯创新者犯过的错误，创新中遇到的风险会大大降低。

3. 逆向方法。所谓逆向方法是以逆向思维的方式，认真思考所要报道的事物的对立面，以便从中发现更有价值的新闻。目前，一些报社的深度报道，往往采取这种方式来策划，都取得了很好的宣传效果。

第四节 策划的组织实施

一、策划方案的撰写

任何一个完整的策划过程，最终均应以一个方案的形式体现出来，这一方案就是策划方案。策划方案要经过编辑后进行内部讨论，再让报社领导审批，最后作为执行中遵循的文本。有的报社，在进行重大报道时，还将策划方案，即报道计划印制成报道手册，发放到每一个编辑、记者手中，作为工作和行动的指南。

撰写策划方案的总要求是：主题突出、框架完整、要点细化、可操作性。具体来说，策划方案应包括以下一些主要内容：

1. 报道思想与总的指导方针。

2. 重点稿件和配合报道的题目。

3. 交稿的时限、发稿的进度安排。

4. 采访人物、时间、地点、方式的具体情况。

5. 组织领导和采编人员任务的具体分工。

6. 明确交稿、选稿、改稿、审稿、签发的各个流程。

7. 明确哪些业务部门需要配合。

8. 制定后续报道方案。

9. 制定批评性报道发表后的应对措施。

10. 落实后勤、通联、设备、保险、防护、交通等方面的措施。

二、策划方案的写作案例

优秀的策划方案，都有三个突出的特征：新颖、具体、可操作性。

请看一个成功的策划案例。

深圳《晶报》2002 年足球世界杯特刊策划方案。

1. 特刊名称：满足——世界杯特刊。

2. 特刊口号：快感六月　动首动脚。

3. 特刊规模：第一阶段（小组赛），每天 24 版，独立成一叠；第二阶段（淘汰赛），每天 16 版。

4. 特刊版面安排：

（1）封面：挑选当日最具冲击力的照片作为特刊的封面，并对后面各版重要内容进行导读。

主要栏目：今日导读、今日球事（介绍当天将要进行的比赛、比赛地点、转播时间等）、定位球（昨日赛事引发的评论）。

（2）欲望：进球互动版，了解球迷需要，并通过特刊满足球迷的欲望。

主要栏目：总编侃球、曾雪麟专栏（预测当日赛果）、赛地风云（天气）、看球吧、球迷秀（读者对世界杯特刊的反应）等。

（3）赛场新闻：

踢。这是足球运动最基本的动作。该板块是当日所有赛事的消息和综述。用综述的方式、散文化笔法对当日所有赛事进行综述。

跩。这是目前最时尚、前卫的一个词，被新新人类成功地改造成了“牛”的意思。用该字对当日胜利之师的全景式报道。主要栏目：跩景（进球瞬间）、跩人（当日球星）、跩语（当日各方评论）、跩帅（教头述评）。

蹩。“蹩”正好是“跩”的反面。用该字对当日失利之师的全景式报道。主要栏目：闷烧（失利之处）、蹩脚（表现最差的球员）、憋气（各方评论）。

踏。取其“原地踏步”之意，是对当日平局之师的全景式报道。主要栏目：半斤、八两（两队的分析、评论）。

（4）场外新闻：

踪。取其“跟踪、追踪”之意，是对当日没有参加比赛的球队的报道。主要栏目：跟踪、萍踪、失踪。

跛。指脚有毛病，即指各队球员的伤情。

趸。取“拥趸”之“趸”，即是球迷专版。

趴。取其“倒”的意思，即是指对被淘汰球队的报道。

蹿。指向上跳，即对顺利晋级的球队的报道。

（5）中国队新闻：

路。取其“远征”的意思，对所有关于中国队征战世界杯的报道。

路/龙战。中国队的比赛消息。

路/龙吟。中国队教练、队员的言论。

路/龙迹。中国队备战的新闻。

（6）专刊及评论：

蹈。取其“跳动”之意，是图片专版（每日的跨版）。

波胆。对简报当日各场比赛的赛果预测，国际主要盘口核赔率。主要栏目：波神擂台（本报及其他著名人士对赛果的预测）。

吆球。专业人士的评球专版。

哄版。女性写手的评球专版。

网言。来自网上的球评文章。

麻语。用麻将语言讲述足球赛事，用麻将术语来为栏目命名。

宝贝。对本报评选的代表32支世界杯入围球队的32位美女进行形象展示。主要栏目：宝贝心语、宝贝预测。

红唇。女球迷的图片专辑（封底版）。主要栏目：编后絮语（当期世界杯特刊的评点文章）。

事实证明，由深圳特区报业集团主办的《晶报》2002年足球世界杯特刊，由于有一个好的报道策划方案，致使该特刊推出后，立即受到广大读者的欢迎和好评。其销量大幅度上升，广告量屡次创新高，一时红遍我国大江南北。

第三章　编辑的主要任务

编辑工作是神圣的，他的总任务是：在政治上始终与党中央保持一致，坚定不移地贯彻执行党的路线、方针、政策，始终坚持无产阶级的党性原则和责任至上的新闻宣传原则，严格遵守党的宣传纪律，努力用正确的舆论引导人，并力争在自己所编辑的版面或专栏中出精品、出亮点，为改革、发展、稳定提供良好的舆论环境和动力支持，为广大读者提供丰富多彩的健康有益的精神食粮。

事实证明，一张报纸的水平如何，自然与记者的水平有关，但最主要取决于编辑的水平。可见，编辑工作在整个报纸工作中是十分重要的。

编辑工作是整个报纸工作的重要组成部分。它是编辑人员所从事的决策、策划、组织、协调、选择、加工和配置稿件、制作标题、撰写言论、安排版面、组织整个报道的专业工作。

报社的编辑，按所担负的职务来分，有总编辑、部主任和一般编辑。此外，主持某一版编务的，叫该版的主编。

按工作对象来分，有新闻编辑、言论编辑、副刊编辑和专栏编辑等。在新闻编辑中，又有政治新闻编辑、经济新闻编辑、教育新闻编辑、体育新闻编辑等。

按工作流程来分，有白班编辑和夜班编辑。

按工作方式来分，有文字编辑、图片编辑、版面编辑、美术编辑等。

在报纸工作中，编辑所承担的具体任务服务于报纸工作的总任务。其具体任务将在下面分节阐述。

第一节　决策与策划

一、决　策

决策，即决定、策划或办法，是编辑对涉及全局性工作进行的决断。它是编辑工作中最重要的一项。

编辑之所以负有决策的重任，是因为编辑工作贯穿于报纸工作的全过程，处于全局的地位。担任各级领导职务的，从总编辑、部主任到各版面的主编，实际上都是总览全局的编辑人员。

编辑所承担的决策任务主要是：

根据马列主义、毛泽东思想的基本原则，党的路线、方针和政策，报纸主办单位的意图和广大读者的要求，确定报纸的编辑方针。这项工作由报社负责人或编委会具体负责。报纸的编辑方针，是对报纸具有何种宗旨、指导思想、立场、态度、基本内容和形式以及读者对象的一种决策。由于它直接关系到办一份什么报纸的问题，所以是报纸工作的最根本的决策。报社负责人不得制定和推行同党中央宣传精神相抵触的编辑方针。编辑方针确定后，经过上级批准方可执行。

二、策　划

策划，从广义上讲，它是对报纸整体工作进行的一种谋略。其包括制定编辑方针、报道计划、报纸产品营销等；从狭义上讲，它仅指制定报道计划。报道计划隶属于编辑方针，它是编辑方针的派生物和延伸物。

制定报道计划，是编辑对报纸编辑方针的具体化。它对一个时期内报道力量的组织与使用，对报道思想、主攻方向、报道规模、范围和持续时间以及报道方法、形式等都作了具体的安排。

报道计划有多种。整个报社的报道计划，由报社负责人制定；各部、组的报道计划，由部、组的负责人制定；按报道范围分的专题计划，由有关编辑分工制定。此外，根据形势变化，编辑还要对突发性事件的报道作部署。

编辑策划的对象，大至报纸的全部编辑工作，小至一个时期、一个专题的报道，无论哪一种情况，都是带有全局性的。这就是说，它不仅涉及决策者本人，而且涉及编辑部的很多成员，还涉及广大读者。好的策划可以打造报纸的核心竞争力，不好的策划效果则相反。因此，策划必须慎重。

第二节　组织与协调

一、组　织

编辑，既是新闻报道的策划者，也是新闻报道的组织者。在实际工作中，往往一个个大的宣传报道战役，都是围绕编辑来进行策划和展开组织报道的。

换句话说，编辑来上班了，不是坐在那里等米下锅，而是要主动地从不同渠道搜集各种信息，召集各种报道会议，把报道题目分配给记者，让他们去采访。同时，编辑还要将部分记者无法完成的策划任务分别交给通讯员去完成。因此，编辑的组织任务，实际上包含着对本报记者的组织和对社外各类通讯员的组织两大重要部分。

组织，是落实报道计划的重要环节。可以说，没有好的组织再好的报道计划也是难以完成的。事实上，谁做好了此项工作，谁就占得了办好报纸的先机。同时，组织能力强不强也是衡量一个编辑综合素质高不高的重要标志。

二、协 调

报纸工作是一项集体事业，每个成员努力完成的是同一件产品，即每天或按期出版的报纸。众多成员一起行动，难免有不协调的地方。尽管编辑方针、报道计划为统一大家的行动提供了切实保证，但是这种统一并不是自然形成的，而是编辑协调各方力量的结果。

编辑之所以负有协调各方力量的任务，是因为编辑处于领导和中介的地位。他们有权利和条件去协调各方力量。协调报社内各部门之间的关系，只有处于领导地位的总编辑和他授权的人才能办到。一般的编辑虽然不处于领导地位，但是处于读者与作者之间的中介地位。因此，协调读者与作者的关系也要依靠编辑。

编辑的协调任务主要有：报道任务分工的协调；各项报道内容之间比例的协调；报道步骤的协调；报道目标的协调；作者与读者关系的协调。

第三节 选择与把关

一、选 择

选择稿件，是办好报纸的关键环节之一。

选择的根本目的，就是能从大量的稿件中找到最有价值的稿件。

世界上所有报社的编辑都十分重视对稿件的选择与取舍，即把符合编辑方针的稿件呈现给读者，把不符合者淘汰掉。在中国，报纸编辑一般按政治标准、政策标准、策划标准、新闻价值标准、新闻写作标准、本报特色标准对稿件进行严格筛选。

在报社工作，编辑一定要练就一双“火眼金睛”。只有这样，才能做到沙里淘金，在浩如烟海的稿件中，把新闻“珍珠”找出来。

二、把 关

有人把编辑比作足球场上的守门员。来自报社内外各方面的稿件，最后都要经过编辑的处理与安排才能发表。编辑所处的岗位犹如一道关口，是作者稿件涌向读者的必经通道。处在这一岗位上的编辑应该根据编辑方针和报道计划的要求，对稿件进行审核，最后决定对其取舍，这就是把关。

把关，包括以下三个方面的内容：

通过稿件的取舍把握报纸的方向。从某种意义上说，掌握了一家报纸的稿件取舍权，就等于掌握了这份报纸。所以在关键岗位上把关的编辑应更加注意到自己责任的重大和牢记以往的历史教训。

通过稿件的取舍，向读者提供健康有益的精神食粮。编辑把关，守着的是一条向读者输送精神食粮的通道。编辑应该把那些误导、毒害读者的作品坚决卡住，同时广开“货源”，把那些有益于读者身心健康的精神食粮，源源不断地输送给读者。

消灭稿件中的错差。发现和纠正原稿中的错差，这不但是作者的责任，而且也是编辑的责任。编辑处在把“原料”（各种来稿）变成报纸的最后一关。作者的稿件经过编辑的安排成为版面的一部分，就要与读者见面。稿件发表之前，其中的差错只存在着对社会产生不良影响的可能性，而一旦发表出来就将铸成不可挽回的事实。作者的后面有编辑，编辑的后面有读者，编辑是最后一个有机会消灭原稿差错的人。因此，对于未能发现和纠正的差错所造成的后果，编辑负有不可推卸的责任。

第四节　加工与制作

一、加　工

加工，主要指编辑对单篇稿件进行的“加工和强化”，即编辑对大量新闻稿件进行的再制造。

编辑部每天都要从不同的渠道收到大量不同的稿件。对记者、通讯员来说，这些稿件基本上可以说都是成品，有的甚至是相当不错的成品。但是，对编辑来说，这些稿件又只能是素材，仍需要编辑进行再加工，这里的加工有增、删、改三项。具体来说，就是增补材料，压缩篇幅，改变主题、角度、结构和体裁，修饰文字，修改和重新制作原稿的标题等。

这种对原稿的加工，不但是一种理顺文字的简单技术工作，而且是一种挖掘稿件潜在价值的“再创造”。有时由于作者的水平所限，原稿中最具有价值的内容可能被一大堆材料淹没，经过编辑“沙里淘金”，精华被提炼出来了，原稿的质量会有很大的提高。当然这种“再创造”不能脱离和违背原稿所提供的事实，编辑不能异想天开，凭借自己的主观愿望任意拼凑和修改事实，不能将作者不同意的观点强加给读者。尊重事实、尊重作者是编辑加工稿件必须遵循的原则。

二、制　作

制作，即编辑所从事的“化零为整”的工作。

稿件经过选择、审核、加工之后，已经成为合格的“零件”。但是还需要编辑对它们进行不同的组合，最后组成一个版面，才能同读者见面。

编辑对稿件的制作，按范围来分有局部性的与全局性的两种。前者，如两三篇稿件组成的专栏，即现在我们经常所说的编辑所从事的对稿件的配置工作。后者即报纸的各个版面，即通常所说的编辑组版工作。稿件的局部性组合，只是表示它们之间的特殊关系，最后仍要放到版面上才能发表。这里对稿件进行组合，是充分利用稿源，充分表现稿件潜在价值的需要；是增强稿件之间的凝聚力，发挥其整体优势的需要；也是报纸完整体现编辑方针的需要。某些稿件的特殊含义和力量，只有在这样的组合中，才能得到显示。

稿件的组合，是把许多单篇稿件组成一个有机的整体。这里面关键的问题是要善于进行构思。稿件之间客观存在着的种种联系，是构思的基础。作为一个编辑，能否很好地履行组合稿件的职责，这就要看他能否善于发现和揭示稿件之间的某种联系，并善于利用这种联系表达某种思想和意图。编辑的构思是否巧妙，直接影响到稿件的组合质量，直接反映编辑的水平。

我们在此需要特别强调的是，作为报纸编辑，一定要重视报纸的组版工作。因为好版面是件艺术品，只有将报纸版面变成了艺术品，才能吸引读者的眼球，产生眼球经济。然而，并不是所有的编辑都能编排出好版面的，总会留下太多的遗憾。因此，苦练排版水平应成为每个编辑长期的必修课。

版面安排是一项综合性的工作，政治性和艺术性都很强。各类编辑都要熟悉它、掌握它。除了要学习新闻学之外，还要懂得一点哲学、文学、美学、心理学等。一般情况下，排版都由报社的专职美编来完成，但有时美编工作紧张无法顾及，这时就只有靠文编亲自“操刀”上阵了。

第五节 发言与多能

一、发 言

发言即评论。评论是报纸的一面旗帜。

报纸在每天的报道中都借助对事实的叙述表达自己对现实生活的意见和看法，而这里所讲的发言是指报纸根据党和政府的主张对现实生活中一些主要问题直接发表议论，公开表明赞成什么，反对什么，或者通过稿件的编排表明自己的态度，帮助读者辩明事理，认清前进的方向。

报纸的发言方式很多，最主要的是以报社名义发表各种评论，包括社论、编辑部文章、本报评论员文章、短评和按语等，它直接陈述报社的观点。除此之外，还有通过发表以作者个人名义写的言论和来信，间接表明报社的观点。编辑通过制作的标题和安排的版面以含蓄的方式表明态度。这也是一种发言。

编辑是报纸全部报道工作的组织者，因此自己撰写或组织他人撰写以报社名义发表的评论和组织发表个人署名的言论，对他们来说是责无旁贷的。撰写评论要通晓全局的情况，在这一点上，编辑也有得天独厚的条件。编辑是稿件的处理者和版面的编排者，更便于灵活多样地“即兴发言”。很多短评和按语都是在编发稿件的过程中有所感而写出来的。新闻标题是对新闻事实的一句话评论，这种评论则是编辑处理新闻过程中悟出新闻的意蕴之后的点睛之笔。稿件在版面上的安排，往往体现出编辑对稿件所写事实的倾向和态度，这种发言，也都是编辑在安排版面过程中形成的。

总之，掌握有报纸意见领袖权的编辑，无论从必要性还是有利条件来讲，都应把发言作为自己的重要职责。

二、多　能

事实上，在编辑部的日常工作中，编辑要做的事情可谓无所不包，堪称“万金油”。但一般认为，编辑的基本工作可分为微观和宏观两个层面。对具体稿件的选择、修改、审定，以及对稿群的编辑和对版面的编辑，可属于微观层面；再大一点的是一个大的报道系统和整个报纸的定位和策划，属于宏观层面。报纸的编辑工作实际上是一个复杂而庞大的系统工程。这项工程中的各项具体工作，编辑都应了解、熟悉并能出色完成。这是编辑的本职工作。做好本职工作就是最大的政治。

编辑除了要完成以上本职工作外，在一些采编结合的报社，因工作需要，编辑还常常要去扮演记者的角色。即要走出报社，去采访、去写稿。这样做的最大好处是，编辑可不断提高自身的综合素质，特别是写作才能，还可对采访报道的实际工作和生活有更深入的了解，有利于干好老本行——编辑工作。同时，尝试写稿，还可不断增进编辑、记者之间的了解与友情，对共同做好办报工作，编辑出优秀报纸具有十分重要的意义。

第四章 编辑的修养

在中国，要办好一份报纸，既取决于国家的大气候，也取决于个人的小气候。国家的大气候，指的是国家的兴旺发达，社会的长治久安以及国家对报纸工作的重视、关心和支持；个人的小气候，指的是编辑、记者要有较高的修养、素质和能力。特别是作为报社的编辑，更要重视和加强个人修养、素质及能力的提高。只有这样，才能在社会大变革、大发展的今天，与时俱进，做好“为他人做嫁妆”、为报纸“梳妆打扮”和为广大读者提供健康精神食粮的工作。

第一节 要有较强的大局意识、政治观念、政治理论水平、责任感、创新意识及政策水平

一、要有较强的大局意识

工作中，要牢固树立“报社的事再小也是大事，个人的事再大也是小事”及一切行动听指挥的思想，把一切为了办好报纸，作为个人工作的出发点和落脚点，自觉服从报社工作的统一安排和部署，决不能因私心和一己之见，做出任何有违报社工作统一安排、部署及工作纪律的事来。

这里的大局，还有一层意思：即编辑所编出的报纸要有相应的读者。具体来说就是：如果是一家全国性的报纸，所报道的内容及其意义，就应该覆盖全国；如果是一份全省性的报纸，就应该覆盖全省；如果是一份全地区或者全市性的报纸，就应该覆盖全地区或全市。

此外，为了工作的需要，编辑要经常与各种人打交道，并且又是稿件是否能见报的决定者。因此，难免常被人议论和引起误会。这当中，为稿件的修改而怪编辑者有之；有稿子未能见报而登门质问者有之；挨了报纸的批评后不服气而到处告状者有之。在这种情况下，编辑一定要以大局为重，冷静地对待和处理好这些意见和责难。

二、要有较强的政治观念

所有报纸，在马列主义、毛泽东思想、邓小平理论、“三个代表”重要思想和科学发展观及党的路线、方针、政策的宣传上，一定要符合中央精神，在政治上同党中央保持高度一致。真正做到：服从党的领导，宣传党的政策，全心全意

为社会主义的新闻事业服务。

三、要有较高的政治理论水平

政治理论水平的高低，决定了传播内容和传播效果的好坏。作为编辑，要重视和不断加强自身政治理论水平的提高。要自觉运用马克思主义的辩证、发展观来分析和认识世界，来观察、剖析、认清隐藏在扑朔迷离表象中的事物的本质，把握事物发展的规律，使新闻传播符合事物发展的面貌，避免错误地传播和造成不良的影响。

在报纸宣传中，会经常出现形而上学、片面、绝对化的提法：什么“空前的”、“世界最高水平的”、“填补了我国和世界的空白”；说某个地区好或某个先进人物好，就一切皆好等。这些都是应该引以为戒的。

四、要有较强的工作责任感

新闻传播对社会具有巨大的影响，通过新闻传播形成的舆论导向是否正确，关系到一个政党、一个国家、一个民族的兴衰成败。作为新闻传播的把关人，必须以国家和民族利益为重，实事求是、认真负责、旗帜鲜明、激浊扬清、坚持真理，具有一种对社会、对读者高度负责的精神。总之，责任至上原则，是任何一个编辑，任何时候都必须坚持的根本性原则。

五、要有强烈的创新意识

作为编辑，每天都站在一条新的起跑线上：组稿、改稿、做标题、排版，而且同行竞争激烈，不创新，怎么行？每个编辑都要清楚地认识到：我国实行改革开放后，社会经济生活发生了深刻的变化，读者对报纸的要求已越来越高。变是唯一的不变。每个编辑，既要有“不待扬鞭自奋蹄”的热情，也要有“众里寻他千百度”的韧劲。每天都要学习，每天都要探索。只有做到了敢于创新、善于创新，在工作中才能立于不败之地。同时，编辑还应注意把自己的工作经验上升为理论总结，适时结集成文、成书。

六、要有较高的政策水平

在政策方面，编辑要熟悉党的路线、方针、政策及其变化。不然就无法编选稿件。编辑人员不能离开党的路线、方针、政策而去树立并形成自己的编辑思想。因为这样形成的编辑思想，很可能是错误的 、危险的。因此，编辑一定要认真钻研党的路线、方针、政策，并把其精神吃深、吃透，自觉地用于工作实践中。实践证明，只有政策水平高的编辑，才可能组织、编写出政策水平高的稿件。

第二节　要有较强的新闻敏感性及较强的业务工作能力

一、要有较强的新闻敏感性

是否具有新闻敏感性，是否能从事编辑、记者工作的先决条件，也是衡量一个编辑、记者是否优秀的重要条件之一。新闻敏感性主要指：在编辑、记者中，那种善于从平常事件中发现新闻的特殊才能。编辑有了它，才能编出好稿；记者有了它，才能写出好稿。当然，对新闻敏感性而言，绝大多数人不是天生就有的，而是通过后天的勤奋努力得来的。

二、要有较强的业务工作能力

编辑干的是新闻工作，自然要精通本行业务。而新闻工作的四项基本业务：采访、写作、编辑、评论。作为编辑应该“件件皆能”，否则就无法正常开展工作，更不可能在工作中得心应手、锦上添花了。

在编辑业务中，编辑更应该精益求精，努力成为行家和专家。一个版面的组织，包括稿件的选择和修改、标题的制作、稿件的组合和版面的美化，都是在十分短促的时间内完成的 。编辑如果没有过硬的本领，就无法保证报纸版面的质量和宣传效果。

编辑工作既是政治工作，又是文字工作。新闻工作者的文笔，应该是精练的。这是由新闻工作和新闻报道的特点、要求决定的 。对编辑来说，尤应如此。因为作为编辑得写文章、修改文章，还要制作出好标题和设计出好版面来。如果编辑的文笔不精练，怎能指望他能撰写出或修改出文笔精练的文章来？编辑主要是做去粗取精、删繁就简的“木匠”工作。既然如此，他的“锯子”就要锋利些。“别人怀宝剑，我有笔如刀。”编辑的笔，应该像一把锋利的宝刀，对那些八股文章、陈词滥调“削铁如泥”。这不仅是报纸编辑工作本身的需要，对改进一代文风也大有裨益。从某种意义上讲，一份报纸的水平如何，主要是看编辑的业务能力如何。

第三节　要有强烈的爱岗敬业精神、奉献精神及严谨的工作作风

一、要有强烈的爱岗敬业精神

编辑工作是一份极其光荣和神圣的工作，是一份挑战性极强和对编辑者各方

面要求极高的工作，也是一份最容易提高个人综合素质及能力的工作。对于这样一份众多人非常羡慕而自己又经过艰苦努力才得来的工作，怎能轻易就失去或随便敷衍了事、得过且过呢？

正确的态度是：不仅要把这份工作当做一份职业来看待，还应把这份工作当做一份事业来追求。“衣带渐宽终不悔，为伊消得人憔悴。”为了它，可以献出宝贵的青春年华，甚至可以献出毕生的精力、智慧和生命。

二、要有无私的奉献精神

编辑工作是一份责任重大，极其复杂而又默默无闻的工作。一篇好新闻的发表，受到称赞或奖励的是作者，至于编辑的精心加工、修改等辛勤劳动却鲜为人知。如人们一提起焦裕禄、吴吉昌、潘从正就想起穆青；一提起李四光、陈景润就想起徐迟。不是所有的人都能认识到一篇出名的作品，曾经过编辑多次修改、润色、反复推敲的，但是稿件出了差错，承担责任的首先是编辑。

可以说，新闻编辑工作是一种当“人梯”、做“伯乐”的工作，付出和得到是不等值的。这就要求从事新闻编辑的人要热爱编辑工作，不仅仅把它作为一个谋生的职业，还要把它作为一项崇高的事业去追求、去奉献。这是由编辑工作的性质和要求决定的。

三、要有严谨的工作作风

作风严谨，指的不是编辑找作者谈话时，言必谈马列主义，这样，准把人吓跑了；也不是指编辑就不能穿花衬衫和牛仔裤。那指的是什么呢？它主要指的是对事业的严谨态度，即选用稿件和发表言论时，不能想当然，而应有理有据，无可挑剔。这就是说，编辑编选的稿件内容站得住脚，在政治上毫不含糊。另外，编辑在处理稿件时，内容要一段段地看，标点要一个个地校，有时为了便于领导审阅和打字员打字，对字迹潦草和改动过多的稿件，编辑还得重新抄写。总之，工作马马虎虎、得过且过，是与编辑的天职不相称的。

第四节　要有较渊博的科学文化知识并努力成为学者型编辑

“编辑要有广阔的知识视野”，“要努力成为‘杂家’”，“要努力成为学者型编辑”，这是众多老新闻工作者对年轻编辑的厚望。

对报纸编辑来说，没有不需要的知识。他应当上知天文，下知地理。自然科学学科的六大类：数、理、化、天、地、生，社会科学学科的六大类：文、史、哲、经、教、法，以及风土人情，三教九流，都应该懂一点。

首先，编辑要不断扩大关于报道对象方面知识的学习。这是编辑最常用、最急需的知识。众所周知，马列主义、毛泽东思想、邓小平理论、“三个代表”重要思想、科学发展观，是指导当代中国社会主义现代化建设的理论基础，党的路线、方针、政策是这一科学理论体系与现阶段实践相结合的产物。因此，编辑必须把这一理论知识的学习放在首位，全面地、准确地领会其精神实质。这也是正确地引导舆论的根本保证。

其次，编辑要加强自己报道领域相关知识的学习，并要努力成为专家型、学者型编辑。例如：政治编辑要努力成为政治学家；经济编辑，要努力成为经济学家；法制编辑，要努力成为法制学家；体育编辑，要努力成为体育学家；文学编辑，要努力成为作家、诗人；文化编辑，要努力成为文化方面的专家等。

最后，编辑要加强多学科知识的学习。因为当今时代，行业和专业之间的互动和渗透明显加剧，新闻报道中跨行业、跨学科的因素不断增多。经济报道涉及生态理论，体育报道涉及产业理论，这在过去的报道中见所未见，如今却都出现了。至于经济报道中涉及法律知识，法治报道中涉及科技知识，科技报道中涉及经济知识，更是屡见不鲜。新闻报道中接触和运用复合知识的频率日趋加大。因此，面对这种情况，编辑应当力求掌握多学科的知识，不能满足于本行业或本专业的知识。具体地说，编辑要学习的知识有如：美学、法学、社会学、心理学、逻辑学、传播学、人才学、创造学、情报学、教育学、未来学、仿生学、生态学、航天学、遗传工程学、管理学、材料学、计算机学等。总之，编辑的知识面越宽越好，如果当编辑的只懂得编辑常识，那么他是一定当不好编辑的，只有准备下岗了。

第五节　要有较强的职业道德修养和人格魅力

所谓职业道德，是指从事一定职业的人们，在其特定的工作和劳动中，所应遵循的职业行为规范。

编辑的职业道德，指编辑在组稿、选稿、改稿、编稿和排版过程中，所应遵循的职业行为准则。如真正遵循了此规则，其人格魅力自然显现。其基本内容有以下五个方面：

1. 坚持真理，实事求是，不向歪风邪气妥协。也就是说，要敢于维护新闻真实性原则。编辑对先进事迹、模范人物的报道，要不怕冷嘲热讽，能实事求是、大张旗鼓地宣传，让他们的先进事迹和精神，得到最大限度地宣传。反之，对损害党和政府的威信，损害群众利益的不正之风、官僚主义、社会弊端和腐败现象，要敢于坚持正义，不怕打击报复，顶住各方面的压力，予以坚决的揭露和批评。

2. 团结协作，团队精神好，合作精神好。互动、双赢是21世纪的时代精神。很难想象，一个没有团队精神和合作精神的人，能在21世纪的今天会获得成功，编辑工作尤为如此。因为编辑工作是一个系统工程。没有全体编辑的精诚团结和合作，任何一张报纸都是办不好的。我们提倡的编辑的人际环境，应该是充满真诚、团结、友善、协作精神的人际环境，是心情愉快比加几级工资都还强的人际环境。

3. 坚持原则、不徇私情，杜绝“有偿新闻”。所有送到编辑部的稿件，都要经过编辑之手，才能决定它是否见报。所以选编稿件时，一定要把好质量关，符合选稿标准的稿子才能用。不论是谁的稿子，一律要在质量上见分晓，不能将复杂的人事关系拉扯进来，更不能收别人的“红包”，搞“有偿新闻”。如若讲关系，留“自留地”，发关系稿，不仅会打击其他写稿人的积极性，而且还会使报纸的质量下降，在群众中造成不良影响。

4. 甘当“人梯”，热情扶持新人。编辑所从事的是“为他人做嫁妆”的工作。稿子见报时，并不署上编辑的名字，而只署某某记者、某某通讯员的名字。记者的稿子发表多了可以出名，而编辑编的稿子再多也不为人知，但是编辑付出的劳动是实实在在的，而且十分重要，不可缺少。如果斤斤计较个人的名利得失，没有甘当无名英雄的精神，是做不好编辑工作的。

5. 临危不惧，勇于献身。编辑常常遇到一些灾难性的事件和被报社领导派到一些对生命有威胁的地方和场所去采访。如遇到这种情况应该怎么办？回答是毫不含糊地冲上去和承担下来。因为对编辑来说常常是这样的：哪里有危险哪里就有新闻。换句话说，哪里有危险哪里就容易写出体现自身价值和水平的稿件。为了获得独家新闻和有分量的稿件，编辑有时应不惜牺牲个人利益，甚至用生命来获取这样的采访机会。例如：对四川汶川大地震的采访报道就是这样的好机会。

第六节　要有过硬的心理素质和较强的与人打交道的能力

一、要有过硬的心理素质

目前，中国有两句较受民众喜爱的流行语是这样说的：“心态决定命运，态度决定高度。”可见，心态对于人的生存和发展是多么的重要。

优秀的编辑总是在紧张的工作中保持一种正常的心态，即使他们面对紧迫的时间、糟糕的情绪、严格的截稿日期等不顺心的事，也能把工作进行下去。哪怕面对的是大的困难和遭受挫折，他们也能坦然面对，想办法解决和坚强地从哪里跌倒又从哪里爬起来，很快以饱满的热情投入到工作中去，并不断地取得新进步、新成绩。一句话，作为一个编辑，在任何时候和任何情况下，都要对工作充满信心，都要以宠辱不惊和冷静的处世态度来坦然面对一切。

二、要有较强的与人打交道的能力

“与人打交道的能力要强”，这是当今世界上很多成功者的秘诀之一。作为编辑更应如此。

因为编辑是新闻报道的组织者。事实上，每一次报道都是由编辑牵头，对记者布置采访、指挥调度的。可以说，日常报道的每个环节，都需要编辑的联系和协调。更宏观地看，组织能力还包括培养新闻人才、建设合作群体的能力。所以，是否有良好的组织才能，关系到编辑工作的成败。

一个编辑如果理论水平高、社会阅历丰富、责任心强、知识面广、交友广泛、性格开朗，他所表现出来的组织才能就比较强。所以，编辑只有加强各个方面的修养，才能提高协调、组织能力。

第七节　要有良好的身体条件和熟练掌握外语的能力

一、要有良好的身体条件

据科学家测定：报社编辑、记者的工作劳动强度仅次于煤矿工人，这决不是危言耸听。事实上，作为编辑，其工作劳动强度是十分大的。对很多编辑来说，他们没有上下班的概念，没有双休日的概念，工作时间远远超过了八小时，而且还要轮流值夜班。例如：遇到重大突发事件发生时，不管是半夜还是凌晨，首先是值班编辑要立刻行动起来，着手调动和安排人力，策划并组织报道。哪怕是深更半夜，记者交稿走人了，编辑还不能走，还要改稿、审稿和排版。

另外，编辑作为新闻的策划者，要求思维极其敏锐。而没有一个好的身体，是支持不了大脑对氧气和血液的需求量的，所以编辑平时无论工作有多忙，也一定要抽时间进行身体锻炼。而作为报社的领导，也要关心编辑们的身体健康，适当给他们减轻工作负担或安排轮休等。

二、要有熟练掌握外语的能力

要熟练掌握外语，这是当今中国社会发展的必然要求，或者说是生存需要。

随着全球化进程的加快，国际新闻、国内新闻和对外新闻不再严格区分界限。如果不能在第一时间盯紧世界各地发生的事情，编辑的策划和组织工作必然会存在巨大的漏洞。特别是许多重大突发事件发生时，在外电率先报道的情况下，编辑要迅速作出新闻价值判断，派出记者采访。目前，即便是国内的新闻报道，也出现了越来越多地使用外语的情形。例如：第29届世界奥林匹克运动会已于2008年8月8日至8月24日在中国北京成功举办。在这届奥运会的采访活动中，“双语”编辑和记者出尽了“风头”，占了很大的“便宜”，他们不用别人当翻译，就可直接采访到急需的，甚至是独家的新闻，赢得了时间，占得了先机，这就是懂外语的好处。随着社会发展的需要，报社应鼓励和培养更多的人成为“双语”编辑。

第八节 要有熟练掌握现代传播技术操作的能力

若不能熟练掌握现代传播技术，特别是电脑的操作技术，就很难在报社立足，甚至很可能被淘汰，这是不争的事实。随着科学技术的发展，报纸领域中现代化技术与工具的运用越来越广泛，对编辑技术能力的要求已越来越高。因此，编辑对此要高度重视，做到能熟练地用电脑处理一切编辑业务。

对于编辑来说，在掌握电脑、互联网操作的必备技术的前提下，还应努力钻研掌握本职工作需要的特别技能。以图片编辑为例，必须精通相关的图片编辑电子软件等。

报社领导对编辑、记者的“以人为本”，除要体现在为编辑、记者创造更好的工作、生活条件外，还应多关心编辑、记者个人综合素质和能力的提高。报社领导应对编辑、记者的素质和工作能力有硬性规定，并采取强制措施分批分期解决部分编辑、记者的“电脑扫描”等问题。

第五章 编辑方针

编辑方针，是编辑一张报纸所应遵循的大政方针，是对一张报纸应有什么样的内容和形式所做的总体设计，是对编辑报纸工作的指导和约束。

我国新闻事业是党领导下的社会主义事业的一部分，必须坚持为人民服务、为社会主义服务的根本方针，坚持正确的舆论导向，宣传马列主义、毛泽东思想、邓小平理论、“三个代表”重要思想和科学发展观，丰富人民的精神文化生活。这是每一家报纸都必须遵循的总原则，但每一家报纸又有其自身的特点。每家报纸必须根据自身的特点来制定适合自己发展的编辑方针，以指导报纸的正常工作。

第一节 编辑方针的制定

制定编辑方针，是办报工作中的一件大事。其通常采取自上而下和自下而上相结合的方法进行，两者不能偏废其一。编辑方针一旦确定，就应当保持相对的稳定性，不能“朝定夕改”。它的制定，通常取决于以下三个基本因素：

一、报纸的性质

这是最根本的一条。也就是说这张报纸是哪一个国家的？属于哪一个党？属于哪一个行业？属于哪一个部门？它代表什么人的利益？反映什么人的要求？受什么人或哪方面的领导和制约？一句话：它站在什么立场上说话？这是制定报纸编辑方针的根本性的依据。在此方面，任何报纸都一样，万变不离其宗。我们发现，在各种报纸的介绍或广告中，几乎第一句话就是有关报纸性质的说明，由此可见报纸性质的重要性。例如：

《人民日报》——“中国共产党中央委员会的机关报。”

《解放军报》——“中共中央军委机关报，直属总政治部领导。”

《工人日报》——“中华全国总工会的机关报。”

《中国法制报》——“中国政法战线目前唯一向国内外公开发行的报纸。”

《团结报》——“中国国民党革命委员会中央委员会主办的一张时事政治周报。”

《云南日报》——“中国共产党云南省委员会机关报。”

二、读者对象

这也是一个重要的因素。这张报纸是办给谁看的——全国人民？工人？农民？解放军？知识分子？市民？华侨？少数民族？专业人员？老人？青年？妇女？小孩？面对不同的读者对象，报纸有不同的编辑方针。读者，是每张报纸的宣传对象，也是服务对象。我们看到的每种报纸的介绍或广告，上面都鲜明地写着它的读者对象是什么。例如：

《光明日报》——“它的读者对象主要是科学技术界、教育界、学术理论界、文化艺术界、医药卫生界、体育界的广大知识分子和干部。”

《中国农民报》——“该报是国家农业部领导下以广大农村干部和农民群众为主要对象的群众性、政治时事性报纸。”

《中国少年报》——“读者对象主要是小学四五年级学生，兼顾小学三年级和初中一年级的学生。”

三、办报目的

指的是办报的宗旨、意图。也就是说，办这张报纸的用意是什么？起什么作用？达到什么要求？办报的目的，通常从报纸介绍和广告“基本任务”一栏中可以看到。例如：

《中国青年报》——“基本任务是在党的领导下，用马列主义、毛泽东思想和现代科学文化知识武装青年，帮助青年树立马克思主义世界观和共产主义人生观，使青年成为一代有理想、有知识、有能力的社会主义新人。同时，它还担负着指导共青团工作的任务。”

《深圳特区报》——“在四项基本原则的指导下，宣传经济特区的方针政策和各项事业的发展、成就和经验；宣传经济特区社会主义精神文明建设的成果；报道中国经济建设以及对外经济活动和发展情况；报道世界经济、港澳市场信息和重要经济动态；探讨中外经济发展问题和特区经济问题。本着‘新事新办’、‘特事特办’、‘新报新办’的精神，努力探索，力图办出自己的特色。”

《新民晚报》——“办报目的是：宣传政策、传播知识、移风易俗、丰富生活。”

《云南日报》——“办报宗旨是：传播权威信息，贴近百姓生活。”

香港《商报》——“立足香港，在商言商。”

美国《纽约时报》——“本报的基本任务，不在供火车乘客消遣浏览，而在对50年后的历史学者负责。”

美国《洛杉矶时报》——“要站得牢，站得坚定。站在应站的地方，站在真理一边。”

总之，报纸的性质、读者对象、办报目的，是制定报纸编辑方针的三个主要依据。三者具体内容不同，由此而确定的编辑方针也就不同。

第二节　编辑方针的作用

编辑方针是编辑工作的政策、法令和准则，是指导编辑工作的基本思想和原则。编辑人员在工作中，不能凭个人兴趣、爱好随心所欲地处理编辑事务。他在选择每一条新闻，修改每一篇稿件，制作每一个标题，组织每一块版面时，都要受编辑方针的指导和约束。可以说，编辑方针是办报方针在编辑工作中的具体体现，是编辑工作的灵魂。离开了编辑方针，编辑工作就要迷失方向。

编辑方针作为编辑工作的指南，大体在以下五个方面指导和约束编辑人员“依法行事”和“照章办事”。

一、规定宣传报道的内容

报纸宣传报道的内容指的是报纸总的报道面的范围。具体来说就是报道对象的分布、报道的领域、报道的区域等。报纸宣传报道内容的规定，对报纸的总体规模和局部结构的设计、报纸版面的分工、栏目的设置都有指导意义。即它规定：该报道的是什么，该突出的是什么，消息、通讯、评论、文章等各类稿件以及“本报讯”和电讯稿的用稿比例如何，即通常所说的“宣传什么”。由此确定报纸宣传报道的“内容规格”。

例如：《纽约时报》每天在报头上都会刊出：“刊登一切可以刊出的新闻。”《广州日报》每天也在报头上刊出：“追求最出色的新闻。”以上两报的两句话，明确规定了它们的宣传报道范围。

二、规定宣传报道的水平

宣传报道的水平，指的是报纸的思想水平、文化水平和专业技术水平所达到的高度。它是报纸新闻报道内容的深度和广度以及新闻稿件的语言文字、报纸的版面设计以及最后的制版、印刷等多方面因素的综合表现。它对确定报纸的内容和形式具有指导作用，即它规定：是“阳春白雪”式，“下里巴人”式，还是兼顾各方面的“雅俗共赏”式。就是通常所说的“面向什么”，由此确定报纸宣传报道的“水平规格”。

三、规定版面的风格和特色

报纸版面的风格和特色，指的是报纸的整体结构、传播内容、传播方式和版面形象等所综合表现出的格调和特点。报纸的风格和特色同样由报纸的性质、办报宗旨、读者对象决定。编辑方针对报纸风格和特色的规定，对报纸设计进行了宏观把握，即它规定：直排、横排，行高、栏宽，基本字体、字号，图片取大取多，取小取少；是“眉清目秀”，还是“浓眉大眼”；强调“庄重端正”，还是“生动活泼”。此外，它还规定：是以新闻见长，专电见长，独家新闻见长，专访见长，社会新闻见长，还是以文体新闻见长，言论见长，杂感和随笔见长，专栏文章见长，长篇连载见长。由此确定报纸宣传报道的“形式和特色规格”。

在报纸风格方面，大家熟知的有：《人民日报》的庄重、《光明日报》的严谨、《中国青年报》的活泼、《中国少年报》的绚丽、《南方周末》的深刻等。这些报纸的风格都是在长期的探索和总结中逐步形成的，值得大家学习和推崇。

四、规定选择和衡量稿件的尺度

选择和衡量稿件的尺度，指报纸具体选用稿件的质量标准。即它规定：达到什么质量标准的稿件可用，达不到什么质量标准的稿件不可用。由此确定报纸稿件的“质量规格”。

五、规定宣传报道的立场

宣传报道的立场，由报纸的性质决定，无论在平时还是在关键时刻，报纸都要以各种形式表明赞成什么，反对什么。我们的报纸是党、政府的喉舌，也是人民的喉舌，我们应站在人民利益的立场反映群众的呼声，反映他们的愿望、要求。思，当以群众所思而思；问，当以群众欲问而问。那么，我们的言论立场就不言而喻了。我们办报应持有如下立场：

1. 报道社会的各种活动，必须诚实、正确、公平。
2. 对真相的公布必须有大勇，不畏惧、不偏袒。
3. 不理会任何特殊利益的要求，而以服务全体人民群众利益为准绳。
4. 有勇气为民做先锋，革新政治，革新社会。
5. 凡是涉及大众福利的事，不怕说出来。如果说错了或报道有失误，要做到公开承认错误，努力改正。
6. 弘扬新闻言论自由，报社应是维护人类的基本自由的保卫者。

由此确定报纸的“立场规格”。

第三节　编辑方针的常见形式

在具体的办报中，编辑方针通常是以《发刊词》、《告读者》等形式出现的。报纸上刊登的《改版的话》、《为改版致读者》等，其实就是调整后的编辑方针的具体说明。

下面，我们举一些实例作说明。

例一：1986年7月1日，《人民日报》在《致读者》中说：

"《人民日报》从今天起改出八个版。同时，在编辑工作上也有一些改变。我们愿意利用这个机会把这些改变谈一谈。

最近，我们将着重从以下三个方面改进我们的工作。

第一，扩大报道范围……

第二，开展自由讨论……

第三，改进文风……"

这是一种编辑方针，或者说是经过调整后的编辑方针。

例二：1978年5月1日，《光明日报》在一版《为本报改版致读者》中说：

"本报从今天起改版。改版以后，本报将作为一张以科学、教育为主要宣传内容的文化战线方面的报纸，以宣传科学、教育方面的路线、方针、政策为主，积极反映国内外科学、教育方面的动态，大力普及科学知识；为了保证和发扬原有特点，本报还兼顾社会科学和文化等其他领域的宣传，办好各种专刊和副刊。国内外政治、经济新闻，除了特殊重要者外，一般将不刊登；本报今后既不同于一般综合性报纸，又区别于一般科学技术的报刊。"

这也是一种编辑方针，而且是更明白的经过调整后的编辑方针。

例三：1992年，《经济日报》改版策划时，编委会下达报社内部的《〈经济日报〉改版大思路》文件中，强调"改版要按照编委会提出的'同中央精神贴得更近些，同实际工作贴得更近些，同群众脉搏贴得更近些'的'三个贴近'和有利于增强新闻报道的宏观意识、理论意识、国际意识和批评报道有建设意识等'四个意识'的原则来进行"。由此再进一步阐述编辑方针："（1）紧紧围绕发展市场经济这个大课题，开展多层次、多功能、多角度、多形式的宣传报道，并按照市场要素与经济运行规律设置版面；（2）从多种经济成分并存的现实出发，扩展报道面；（3）进一步发挥新闻媒介的传播作用，充分考虑不同层次读者的要求，努力把《经济日报》办成消息总汇；（4）改版后的报纸应当突出'三性'：权威性、实用性、可读性，使之具有浓浓的经济味儿；（5）继续发挥报纸在经济生活与社会生活中的舆论监督作用。"

《经济日报》的“改版大思路”，实际上也是一种调整后的编辑方针。这样的编辑方针，对该报扩版的总体与局部设计具有重要的指导意义。

例四：《羊城晚报》是广大读者非常喜欢的一份报纸。该报创刊五十多年来，一直坚持新鲜、活泼的风格。该报创刊时，就力图“突破苏联《真理报》模式，办一份中国气派的报纸”，“寓共产主义教育于谈天说地”，为普通百姓喜闻乐见。1980年复刊时，报社提出了办报原则——“姓党、姓晚，又姓羊，三者缺一不可，次序不能颠倒”；同时也确定了新的编辑方针——“反映生活、干预生活、引导生活、丰富生活”。在报道内容、取材角度方面，力求具有自己的风格和特点，把宣传政策同反映群众的实践和呼声结合起来，帮助读者增加见识，得到富有情趣的精神享受。其名牌评论栏目“街谈巷议”几十年经久不衰，副刊版面“花地”独具岭南特色。版面形式也不断创新，近年又开创了双头版的形式，给《羊城晚报》注入了清新的活力。

《羊城晚报》之所以办得好，最根本的，还是因为它有一个好的编辑方针。

我们从以上这些具体的例证中可以清楚地看出，编辑方针是指导整个报纸编辑工作的思想和原则，也是指导所有编辑人员工作的思想和原则。它对编辑工作的立足点和着眼点，如选择什么稿件、不选择什么稿件，重视什么问题、不重视什么问题，强调哪个侧面、不强调哪个侧面，提倡哪种情趣，以及报纸版面的式样、文字的风格等，都作了统一的规定。即使是一字一句的改动，也都要力求与编辑方针联系起来。

在制定编辑方针时，我们应该特别注意的问题还有：

1. 综合性报纸可多刊载政治、经济方面的新闻。
2. 以科学、教育、文化为主的专业报纸，可少选用政治、经济方面的新闻。
3. 日报，可多发些时间性比较强的新闻。
4. 周报，则可考虑多刊登一些述评和长篇通讯和长篇纪实文学作品。
5. 地方报纸，一般不能抢先对全国性和国际性的问题表态。
6. 内部报纸或对国外发行的报纸，要特别注意内外有别。
7. 一般晚报，都市类报纸，生动活泼、丰富多彩、贴近生活应是其特色。
8. 基层小报，文字通俗易懂，十分重要。

第六章　稿件的组织与选择

稿件的组织与选择，是报纸编辑要掌握的两项重要基本功。从某种意义上讲，组不到好稿件的编辑不是一个好编辑；选择不出好稿件的编辑也不是一个好编辑。

第一节　稿件的组织

在编辑工作中，策划与组稿是两个不同的概念。策划，偏重于从报社内部组织稿件；组稿，偏重于从报社外部组织稿件。在报纸编辑工作中，以上两者都是缺一不可的。组稿实际上是对策划的一个补充，也是策划的一个重要组成部分。“内稿”和“外稿”是编辑膝下的两个孪生姐妹。

一、稿　源

报纸的稿源主要有以下几个方面：

1. 本报记者撰写的稿件。
2. 通讯社来稿。
3. 通讯员来稿。
4. 优秀积极分子来稿。
5. 各单位送来的书面材料。

上述稿源从供稿与受稿情况来看，是完全不相同的。本报记者撰写的稿件和通讯社来稿，受制度或契约的规定，供稿一般是有计划和比较固定的，是一种有组织性的稿源。通讯员来稿是建立在自愿基础上的，来稿不一定有计划，并非是固定的，是一种半组织性的稿源。投稿积极分子和广大读者来稿以及各单位送来的材料是自发性的，无固定的供给关系，是自发性的稿源。

编辑不仅要重视有组织性的稿源，还要重视半组织性的稿源和自发性的稿源。因为前一类稿源的撰稿者是职业新闻工作者，有职业的修养和先进的交通工具、通信手段，可以比较迅速地采访到重要新闻，但人数毕竟有限，不可能把发生在各地、各单位的动态、经验、问题都及时反映到报社来。后两类稿源，因撰稿者人数众多，分布面广，活跃在生产、工作、学习的第一线，就有可能做到这一点。但第二、第三类稿件有一个明显的弱点，即带有不同程度的自发性。表现在来稿的数量上，是不平衡的，有时可能多一些，有时可能少一些；表现在来稿质量上，参差不齐，不完全能符合见报要求。而报纸的报道一般是有组织、有计划的，需要针对特定的时间、问题发表相关的稿件，并且要求具有较高的质量。来稿的自发性与报道的计划性就不能不是一个矛盾。解决这个矛盾的最基本方法是做好通讯员、投稿积极分子的工作，提高他们的写稿积极性和新闻业务水平。

二、组稿的意义和方法

编辑的职责之一是把关。但不能片面地把其理解为编辑只要当好“守门员”就行了。在新闻这一特殊的“足球场”上，编辑既要当好“守门员”，又要当好“前锋”，要伺机主动出击。

编辑的工作方针不能老是“守株待兔”、“等米下锅”。勤快的编辑会经常主动出击，主动“找米下锅”。也就是说，编辑不仅要编稿，还要出去组稿，要把编辑方针变为策划方案或报道计划，变为一篇篇稿件，最终变为一期期报纸。

（一）组稿的意义

组稿究竟有什么意义呢？主要有两条：

1. 组稿是确保完成报道计划的主要措施。

根据一定时期报社的宣传思想，制定了策划方案，即报道计划，事情才算做了一半。要完成预定的报道计划（包括月度计划、战役计划、专题计划），除本报编辑、记者要完成大量采写任务外，有些重要稿件，还需要编辑分头出去组稿。要向写稿人交计划、交任务、讲背景、提要求，随时帮助他们克服采写过程中遇到的困难。要做好这一工作，平时报社下属各部门、各位编辑及各个专栏、专版负责人，都要团结一批扎根于第一线的作者，建立和健全通信网。要逐步组织一支叫得动、写得成、有影响的骨干通讯员和骨干作者队伍。通过一次次组稿，不断提高这支队伍的素质，以便使报社的报道任务得以顺利完成。

有学者对1995年12月1～31日《人民日报》稿件来源进行分析统计，其中，全部稿源中的32%来自通讯社稿，25%来自本报记者、编辑稿，43%来自社会稿件（包括通讯员来稿、转载稿等）。社会上来的文字稿中，消息的量最大，其次是杂稿，最后是通讯。大量采用外稿，已成为21世纪报纸运作的重要保障。一些报纸为了共享稿件，建立了报联网。2003年，《北京青年报》每月平均采用报联网稿件100条、图片80张左右。“非典”期间，因无法派记者外出采访，该报的外埠新闻全部来自报联网。从以上资料数据中我们可以看出，没有“外稿”的支持，要办好一份报纸是万万不可能的。“外稿”在办报中甚至起着举足轻重的作用。所以作为一个报社的领导或编辑，要把“内稿”和“外稿”的组织放在同样重要的位置，并采取切实可行的措施，保证“外稿”的数量和质量的不断提高。

2. 组稿是提高稿件质量的基本途径。

俗话说："水涨船高。"来的稿件多了，编辑自然可以好中挑好，不断提高新闻稿件的质量。编辑最怕的是："巧妇难为无米之炊。"没有特色来稿时，编辑还要亲自去"求"通讯员中的老关系户写稿救急。

在实际工作中，作者自发投稿或通讯员自发来稿，其成品率往往不高。编辑在看稿时，常常会发现有的稿件或时间陈旧或材料缺乏说服力或基本事实没有说清楚。这不能怪通讯员或作者，主要是由于编辑部有关人员组稿工作做得不深不细，发稿时马虎所致。如果我们的组稿工作做得更周到细致些，上述稿件质量上存在的问题，很多是可以解决的。由此可见，组稿花的时间虽多，但决不会白费，多一分耕耘就会多一分收获。组稿工作若做到了家，审稿、改稿的劳动强度就会大大减轻。

事实上，确有一部分"外稿"，帮助报纸打造了其核心竞争力，产生了较大、较好的社会影响。例如：1978 年 5 月 11 日《光明日报》刊登了一篇以"特约评论员"为名发表的文章，题目是《实践是检验真理的唯一标准》，后来成为名篇，影响了中国的改革开放进程。文章的作者胡福明当时是南京大学哲学系老师。《光明日报》的编辑在发现和处理这篇稿件的过程中起了重要作用。此类例子还很多。我们期盼着编辑所做的事是：既有强大的人格魅力，又长有一双"慧眼"，有胆有识地去组稿和选稿，千万别让那些来稿中的重量级稿件从"慧眼"下溜走了。

（二）组稿的方法

成功的组稿，取决于以下几个重要因素：

1. 编辑人品好、水平高，在作者中有可信度。

在实际工作中，不是所有编辑都能组织到好稿件的。只有那些有人格魅力，而且业务水平比较高的编辑才可能组织到好稿件。试想，那些官场中的所谓"大人物"和社会各界"名流"，怎么可能把自己精心写出来的稿件，轻易去交给那些初出茅庐且"毛手毛脚"的可信度不高的编辑去处理呢？因此，加强个人修养和不断提高业务水平，并且不断提升自己在业界的知名度，这是每个编辑努力的目标。

2. 物色到最合适的作者。

作者的权威性是构成作者可信度的重要条件。所谓权威性并非是指作者的地位，而是指作者对所传播的信息所具有的毋庸置疑的发言权。不同的传播内容，构成作者权威性的条件是不一样的。领导身份、专家、当事人、年龄、性别等都可以构成某种权威性。实践证明，读者对作者越是信赖，对稿件所传播信息的接受程度就越高。作者的可信度和读者的接受程度是成正比的。

3. 采用最合适的组稿方式。

所谓组稿方式，是指编辑组稿时，对待作者的态度和对时机的把握以及组织方法的运用等。一个最合适的组稿方式，要符合以下两个要求：

（1）被组稿者乐于接受。即编辑所采用的组稿方式能激起被组稿者的愉快情绪，从而产生一种高兴与编辑合作的态度。

（2）有助于组稿任务的完成。即可采用的组稿方式，能够使作者按时、按质、按量地完成编辑所要求撰写的稿件。

要达到以上两个最合适的组稿方式的要求，需要编辑注意以下几个问题：

（1）对待作者要抱平等、热情的态度。

（2）说明组稿意图，但不把自己的意图强加给作者。

（3）要尽量帮助作者解决写稿中遇到的各种实际困难。

（4）对不同的作者采取不同的组稿方式。

第二节　稿件的选择

选择稿件是一项编辑不可忽视的重要工作。其根本目的是要把好稿件选出来。同时，要达到避免新闻失实并保证质量的目的。稿件的选择，在很大程度上决定着报纸的宣传质量和效果。

一、选择稿件的依据

（一）报社的编辑方针

每个报社为了正常地、有秩序地、卓有成效地开展工作，都有各自不同的编辑方针。它是每个报社工作的政策、法令和准则，也是编辑工作的政策、法令和准则。编辑方针，从报纸的性质、任务、宣传对象等实际情况出发，规定了报纸宣传报道的内容、范围、水准、规格和特色。这样，它就为编辑选择稿件提供了原则和方向。

（二）报社的报道策划方案或宣传报道计划

大凡报社都有自己的报道策划方案或宣传报道计划。有的是短期的、专题性的、局部的。如奥运火炬传递宣传报道计划、党风廉政建设宣传月活动宣传报道计划、法制宣传月活动宣传报道计划等。报社的策划方案或宣传报道计划，实际上是报社的编辑方针在特定阶段的任务的具体化，它为编辑选择稿件，提供了更加明确、具体的标准和要求。

（三）编辑的多年工作经验形成的新闻直觉和敏感性

编辑工作时间长了，在选择稿件时，自然会形成一种条件反射：哪些是本报正需要的好稿件；哪些是可采用但存在隐性问题的稿件；哪些是可当即决定不能采用的稿件。编辑的多年工作经验形成的这种新闻直觉和敏感性，是编辑个人的一种无形资产，也是报社的一笔宝贵财富。

二、选择稿件的具体标准

将选择稿件的依据落实到每一篇稿件上来，对于编辑来讲则有了更加具体的标准。即要看稿件新闻的价值、社会效果及稿件是否符合本报特色等。概括起来说就是八个字：质量第一、择优选用。

选择稿件的标准，因时而异、因地而异、因报而异，有时甚至因人而异，变化很多。因此，编辑既要遵守一些基本原则，又要坚持从实际出发，灵活掌握和运用。

具体来说，编辑选择稿件有如下三个标准：

（一）新闻价值标准

既然是新闻事业，在选择稿件时，就要选出那些最具有新闻价值的信息，而舍弃那些没有或仅有较小新闻价值的信息。

新闻价值是构成信息所蕴涵的能够满足社会对新闻的需要并能引起读者兴趣的要素。一般认为新闻价值起码应包括以下几点：

1. 重要性。

重要性是新闻价值的第一要素，它以给读者、社会产生的影响效果为尺度。换句话说，一条具有重要性的新闻，它可以对党、国家和人民的利益，对政府的工作以及国际和平、改革、发展、稳定产生重要影响。

对此类稿件的选择，主要具有“八看”，即可优先采用的稿件：

（1）看稿件内容是否反映党和国家的大事，或关系国计民生的重大问题。如党代会、人代会、政协会、奥运会及重大公共突发性事件等（如地震、空难、水灾、火灾、雪灾、车祸等）。

（2）看稿件内容是否反映广大人民群众一致而迫切的呼声、意见、愿望和要求。如思想解放、政治体制改革、反腐败、关注民生等。

（3）看稿件内容是否反映当前实际工作中迫切需要解决的重大问题，特别是政策问题、思想问题、理论问题和现实问题等。如收入差距过大、物价上涨过快、环保形势严峻等。

（4）看稿件内容是否反映当前各行各业、各个部门涌现出来的新成绩、新纪录、新成就、新创造、新发现等。

(5) 看稿件内容是否反映当前实际生活中的新情况、新动向、新问题、新经验、新见解和热点、难点、疑点问题等。

(6) 看稿件内容是否反映新人新事、新道德、新风尚，是否有助于提高广大人民群众的思想、道德、文化素质和水平。

(7) 看稿件内容写得是否真实、扎实、朴实，言之有物、言之有理、言之成章，并符合新闻报道的一般要求和有时代特色、地域特色、民族特色。

(8) 看稿件内容写得是否富有时效性、知识性、趣味性，是否与本地区、本行业、本阶层的关系特别密切。

2. 显著性。

显著性与知名度紧紧相关。美国新闻学者乔治·莫特在《新闻学纲要》一书中曾给出过一些形象的公式："常人 + 平凡生活 = 0"，"不平凡人 + 平凡生活 = 新闻"，"1 名歌剧女演员 + 1 个银行行长 - 10 万美元 = 新闻" 等等。名人、明星、高级官员等知名度高的人身上发生的事情容易成为新闻。换句话说，显著即指新闻信息中涉及的人物、地点是显著的、易引起公众兴趣的。值得引起重视的是，对社会公众人物的报道要尽量避免出现低级、庸俗的内容。

3. 时新性。

时新性指的是新闻及时并具有新意。及时，指的是最近发生的、正在发生的或者即将发生的事实；新意，指的是新闻事实的与众不同，是人们普遍关心的人或事，能给人耳目一新之感。

4. 接近性。

接近性包括地理与心理两个方面：事实与接受者的地理距离越近，就越具有新闻价值；事实与接受者的心理距离越近（如兴趣、性别、年龄、教育程度和专业、经济收入、经历、民族、种族或宗教等心理距离），就越具有新闻价值。地理和心理相比较，后者比前者更重要。

5. 趣味性。

趣味性即事件趣味盎然，引人发笑，或者能引起人们的好奇心。换句话说，指信息具有奇特、冲突、人情味等因素，能使读者觉得妙趣横生，不忍释手。

(二) 社会效果标准

众所周知，报纸所传播的是有关新近变动的信息。这些信息一经传播，就可能在社会上产生较大的影响，会对读者的思想观念产生显著的或潜移默化的作用。因此，我们一定要注意所选择的信息的社会影响，不能让那种可能导致不良影响的文章和失实的各类信息得到广泛传播。

有着良好社会反响的稿件，如有，《实践是检验真理的唯一标准》、《温家宝总理第一时间赶赴四川汶川地震灾区指挥抗震救灾》、《灾难中挺立伟大的中国》等。

在图片选择方面，有着良好社会反响的图片，如有《小平，您好!》、《美国世贸大厦遭恐怖袭击倒塌》等。

对不准刊登的稿件，国际、国内都是有明确规定的。编辑必须遵循相关规定。

在国际方面——

1948年3月至4月在日内瓦召开的联合国新闻自由会议，曾通过《国际新闻自由公约草案》，对不许传播的内容作了如下规定：

1. 为国家安全应守秘密之事项。
2. 意图煽动他人以暴力变动政府制度或扰乱治安者。
3. 意图煽惑人民犯罪者。
4. 发表不洁、有害于青年之文字，或提供青年阅读之出版物者。
5. 妨碍法庭审判之公正进行者。
6. 侵犯著作权及艺术权者。
7. 意图毁损他人之名誉，或有害他人而无益于公众者，无论其要损毁者为自然人或法人皆然。
8. 违反因由职业道德，契约关系或其他法律关系而产生之法律责任者，包括泄漏因职业上或官方资格而获得之机密消息。
9. 有意欺骗者。
10. 有计划地传播足以损害人民或国家友好关系之虚构或曲解新闻者。

在国内方面——

1997年1月国务院发布的《出版管理条例》明确规定，任何出版物（包括报纸、期刊、图书、音像制品和电子出版物）不得有下列内容：

1. 反对宪法确定的基本原则的。
2. 危害国家的统一、主权和领土完整的。
3. 危害国家的安全、荣誉和利益的。
4. 煽动民族分裂、违反少数民族风俗习惯、破坏民族团结的。
5. 泄漏国家机密的。
6. 宣扬淫秽、迷信或者渲染暴力，危害社会公德和民族优秀文化传统的。
7. 侮辱或者诽谤他人的。
8. 法律、法规规定禁止的其他内容。

（三）报纸特色标准

纵观我国现有的报纸，真可谓琳琅满目、种类繁多、各具特色、美不胜收，各有各的特色。自然，选择稿件的标准也各有不同。通常的情况是：特色的形成，有赖于明确的办报定位和读者定位。编辑选择稿件时，便有了很公式化的做法：日报和综合类报纸选稿的面较宽，往往多选政治、经济和思想方面的稿件；晚报、都市和生活类报纸，多选文化、艺术、生活方面的稿件。

选择稿件应注意的事项是：

1. 要着眼于宣传报道的大局，不凭个人好恶选用稿件。

我们的报纸是党和人民的报纸。选择稿件，一定要从党和人民的利益出发，不凭个人好恶取舍。凡是对党和人民有利的稿件就采用。否则，反之。

2. 要反复权衡厉害轻重，不拘一格选用稿件。

选择稿件，要权衡好两个轻重：

一是从稿件整体看，优点和缺点谁轻谁重。如果优点是主要的，则取；缺点是主要的，则舍。

二是从稿件整体看，正作用和副作用谁轻谁重。如果正作用是主要的，则取；副作用是主要的，则舍。

3. 要区别稿件的轻重缓急，适当平衡各种稿件。

注意轻重缓急指：先登重要的，后登不重要的。

要适当平衡各种稿件指：各种内容的东西都登一点，各种问题的东西都登一点，各阶层人士和各方面的来稿都登一点。

4. 要立足于充分利用来稿，团结广大作者。

有一个层次比较高和面比较广的作者群，是办好报纸的重要条件之一。这样，可以避免挫伤作者的投稿积极性。

5. 要不断苦练选择稿件的基本功。

选择稿件，是编辑人员一项重要的基本功。有经验的编辑，常常一看稿件，就能立即掂出它的分量，判断它的价值，甚至能初步决定它在版面上的位置。

怎样才能做到这一点呢？编辑要不断苦练三方面的基本功：

（1）对党的路线、方针、政策要了如指掌。

（2）对实际工作情况要充分了解。

（3）多参加选择稿件的实际工作。

第七章　稿件的修改

“编辑难过改稿关”，说的是改稿对编辑来说是有多么的重要和艰难。修改稿件是编辑的重要日常工作之一，也是避免报纸出现错误，提高质量的重要途径和方法。可以说，世界上没有不能修改的稿件，也没有修改不出的稿件。而大凡报纸上刊登出的稿件绝大多数都是经过编辑精心修改出来的。修改稿件是一项沙里淘金的艰苦工作，也是一项充满艺术再创造的有趣劳动。它是每个在报社工作的编辑不能不掌握的“看家本领”。

第一节　修改稿件的意义及原则

修改稿件的根本目的和意义在于：求准、润色，避免差错，让读者通过阅读产生快感。既防止了稿件出差错，又使稿件“锦上添花”。从思想上真正重视和在操作中真正把握了改稿的基本原则，则可使改稿步入“正道”或“快车道”。

一、修改的意义

（一）可及时避免稿件导向、内容、文字的错误

“宣传有纪律，学术无禁区。”前者指的是：凡我国所有的宣传部门及新闻媒体，必须坚持正确的舆论导向，必须为社会改革、发展、稳定提供良好的舆论环境和动力支持。报纸作为重要的新闻媒体之一，自然也不例外。

作为报纸“守门员”的编辑，任何时候都要保持清醒的头脑，讲政治、讲大局，时刻绷紧政治这根弦，千方百计地消除政治宣传方面的差错，防止在政治宣传上犯错误。当然，避免内容失实和文字差错也是十分重要的。

总之，全力消除导向、内容、文字方面的差错，是报纸编辑、记者共同努力的目标。不出差错，则是报社、编辑、记者的幸运；避免差错，特别是避免大的错误，则是报社、编辑、记者对自己的最好保护措施。如今，在我国很多报社都成立了差错督检部门，并派精兵强将，全力防止差错出现，以保证报纸的质量。

（二）可有效提高见报稿件的质量

事实上，大多数稿件都是修改出来的。稿件修改好了可以起到去冗沉、添精神、增色彩、出效果的作用。

例如：1989 年 11 月 13 日，邓小平在人民大会堂会见日本日中经济协会访

华团全体客人。他在落座后郑重地说："你们这个团是我会见的最后一批正式的代表团，我想利用这个机会，正式向政府生涯告别。"《人民日报》记者孙毅就此写了一篇消息，又经编辑部领导同意，打破"惯例"，写了一篇题为《小平同志告别政治生涯》的特写。负责处理这篇稿件的编辑，是当时《人民日报》社的副总编辑李仁臣。他对初稿的感觉是：整篇文章感情色彩比较淡，很难打动读者；会见经过基本写出来了，但有特点、能够反映这个重要时刻的历史意义的细节还不多；对话引用得过多，分寸感把握得不够恰当。外事报道要反复斟酌见报的每一句话。他没有立刻在原稿上修改，而是找来记者孙毅，先详细说明自己的构思和设想，再请孙毅详细叙述当时的经过。他们反复交换意见，直到把这篇特写的结构和每个段落的安排都详细确定下来为止。根据李仁臣的意见，孙毅写出了第二稿。李仁臣读了之后，仍感觉细节不够，开头不吸引人。于是，他具体询问了接见厅有没有摆花，墙上有没有挂画等细节，然后亲自动笔改写了开头："还是那间透着八闽风情的大厅，还是上午10点这一时刻，背景依然是那幅日光岩的巨画，茶几上照例摆放着两盆鲜花。接见现场的一切似乎都和往常一样，但是今天这里熟悉的一切却又给人不同于过去的感觉。"这样一来，气氛有了，效果也就出来了。接着，他又压缩了一些段落，对引语作了删节和选择，增加了现场描写，在结尾处又添上一句："近七十分钟的会见，竟像一瞬间那么快地过去了。"最后，他们又重新制作了标题。

以上事例足以证明：好稿件是修改出来的。

（三）可充分满足报纸对稿件的取舍

在全国报业竞争几乎白热化的今天，各家报纸如果没有自己的风格、特色和亮点，怎样在业内立足？因此，各不同种类的报纸根据其不同性质，对稿件进行合理取舍和修改压缩是再正常不过的事了。例如：《云南日报》当日已登了的重要稿件，作为其晚刊的《春城晚报》，一般就不能原文照登。只能将其压缩或改写后再登。

二、修改的原则

修改原则主要有四条，即四个"是否"：

1. 稿件内容针对的是否是本报读者？
2. 稿件内容针对的是否是读者最关心的问题？
3. 稿件内容是否体现了其应有的高度、深度与宽度？
4. 稿件内容是否可"死马当做活马医"？

第二节　修改稿件的方式与程序

修改稿件是一项十分复杂、艰苦，而又专业性很强的特殊劳动。为了保证稿件修改后的质量，编辑不但要做好改稿前的准备工作，掌握一些改稿的方法，而且还要按照一定的程序去改，这样才能保证改稿过程的科学性。

一、修改前的准备工作

第一，要掌握报道精神。主要是了解上级主管部门的精神、纪律要求等。

第二，要与记者沟通，充分了解记者写稿件的初衷和缘由，以求得相互理解并达成共识。重要的稿件，还要就记者如何进一步写出连续或深度报道提出具体的修改意见。

第三，搜集相关材料。主要是为了掌握所要报道的重要稿件的相关背景材料。

第四，有计划地留足相应的版面。

第五，注意观察业界的相关动态。

二、修改的方式

修改稿件的方式主要有三种：

（一）编辑自己修改

这种修改比较迅速，符合报纸报道及时性的要求。此外，有些来稿只需作文字上的改动就可以采用，就不需要去麻烦作者，而可以由编辑负责修改。因此，编辑自己修改稿件是最常见的。但是，采用这种方式，也必须避免由于改和写的矛盾而带来的毛病。唯一的办法，就是多看几遍原稿，透彻了解了原稿后，才动手进行修改。

（二）作者修改

对于那些时效性不强，又需要作大幅度修改的稿件，最好是由编辑把稿件交还作者，同时提出修改意见，让作者自己修改。

这种修改方式，可以使修改者和作者结合起来，既达到修改的目的，又可避免因二者脱节而产生的错误。需要注意的是，编辑提出的修改意见，应该比较具体。如过于笼统，作者就无法了解编辑的意图，修改工作就难以进行。此外，意见应该是一种建议，要使人感到是可讨论的，而不是非那样改不可。

（三）合作修改

这种方式适用于涉及重大、复杂，牵涉面广而又需作大面积改动的稿件。对于这类稿子，为慎重起见，编辑可直接深入到稿件所反映的实际环境中去，进行实地调查研究，与作者一起采访，掌握第一手材料，或者分工合作，最后一起修改。这种方式能保证新闻的真实性和客观性，但需要花费作者、编辑大量的时间，所以如果不是重大事件，就没必要采用这种方式。

以上三种修改方式，都是在具体改稿过程中经常会使用到的。编辑最终采用哪一种，要视稿件本身的质量和实际情况而定，没有孰轻孰重之分。

三、修改的程序

修改稿件的程序，主要有三个：

（一）通读全文

其目的在于认识原稿，把新闻找出来。这种认识包括两个方面：一是把握稿件的主题、材料、结构、语言等方面的情况；二是发现原稿存在的问题，并提出解决这些问题的方法。这种认识是修改稿件的基础。认识得越清楚，下一步修改起来就越顺利，质量也就越有保证。对于一些内容比较复杂的长稿，则不是只看一遍就能解决问题的，需要多看几遍。有经验的编辑常常是这样做的："磨刀不误砍柴工。"宁可在认识原稿时多花一些时间，而不匆忙动手修改，以免改后多次返工，更费时间。

（二）着手修改

着手修改，就是把第一步所设想的修改方法付诸实施。但第一步的设想只能是一个大致的轮廓，不可能一一都想得很具体。因此，在着手修改时，需要对原稿进行更为细致的思考，做到字斟句酌。修改时，编辑常常会产生灵感，提升文章的思想和境界，并进一步提高文章的质量。

修改时要用不同于原稿字迹颜色的墨水，如果颜色相同，则用笔要不一样。一般编辑与版面负责人修改所用的笔或墨水也要有所区分，以便以后查对。

在原稿上修改，改正的字可写在行间或四周的空白处。假如原稿改动很大或几经修改，已被改得比较乱，不易辨认，则需要重抄原稿。校正小样时，要采用通用的改样符号。所有符号都要用引线画到四周较近的空白处，引线不宜交叉重叠。

（三）检查性阅读

稿件修改完毕后，必须从头至尾阅读一遍，重要的稿件还要多看几遍，检查修改是否恰当，修改好的稿子是否已经符合准确、鲜明、生动的要求。整个修改过程中，需要对原稿和修改后的文字进行反复阅读，以便能发现问题。阅读一般可以采用两种方式进行：一种是略读。即着重注意内容，对某些细节，如用词不当、错别字、漏字、标点符号的运用等暂不去推敲。另一种是点读。即逐字逐句地进行阅读，不仅注意内容，而且不放过任何细节。

以上三个程序，在修改稿件中必不可少，是保证稿件质量的关键。应该指出，有时一篇稿件的修改，不是靠通读全文、着手修改、检查性阅读就能完成的，而是需经几次修改才能完成。直到排出小样，修改往往还不能停止。当然，编辑应该尽量在原稿上多下工夫，力争少改动小样。小样改动太多，不仅会增加排校人员的工作量，而且可能延误出报时间。

第三节　修改稿件的基本方法

修改稿件主要有三种基本方法。即：校正、压缩、增补、改写、分篇、综合。

一、校　正

校正即消除稿件中的差错，包括导向、内容、文字等方面的差错。

（一）消除稿件差错的种类

1. 导向上的差错。

从总体上看，稿件的导向是正确的，但由于记者写作时不认真、不严谨，个别段落、句子、词语流露出不正确的思想倾向。如果原样照用，就可能对读者起误导作用，甚至引来各种各样的麻烦。例如：中国外交政策之一是“国家不分大小，一律平等”，可是有的稿件在提到某些小国时，却用了藐视的语气；宪法规定公民有宗教信仰自由，有的稿件却对某些民族宗教习俗妄加评论；有的稿件报道民事纠纷，主题是提倡把矛盾化解在萌芽状态，但所选的事例却给人以“不用暴力，讨不到公道”的感觉；有的稿件批评了某些违法乱纪现象，但在提出改进办法时，又无意间违反了另外的法律、规章等等。

2. 内容上的差错。

如对法律、规定、重要数据以及党和国家领导人的讲话等的报道，如含有差错，将带来不可预料的严重后果。例如：发生在 2008 年 5 月 12 日 14 时 28 分的四川汶川大地震，举世瞩目。究竟是几级地震？地震波及哪些地区？地震导致多少人死亡？地震导致多少人受伤？地震导致多少房屋倒塌？地震导致多少人无家可归？这些是读者最关心的。这些内容是一定不能搞错的。

再如，1996 年全国人大、政协“两会”期间，新华社播发一位国家领导人的谈话，其中提到中国赞成“禁止核武器条约”。一般来讲，新华社稿已经过仔细审核和严格校对，出错的可能性很小，特别是重要的稿件。但是《人民日报海外版》的编辑对这个提法打了问号，因为在他记忆中，没有这么一个条约，而且这个提法与我国政府的一贯立场好像不相符。他们及时请教有关部门，结果证实这个提法有误。正确的说法是“禁止核试验条约”。新华社当即播发更正，避免了全国新闻媒体同时出错。这类例子是应引以为戒的。

3. 文字上的差错。

一篇内容精彩的稿件，如果夹杂着病句和错字，会给人一种吃饭吃出苍蝇的感觉。例如：“你到过昆明旅游了吗?”不能简写成：“你昆明了吗?”再如：“朱镕基”不能误写成“朱溶基”等。如果将误写的字照登出去，那么惹来的麻烦可能就大了。

编辑在消除文字差错时，要尽可能做到六个“注意”：

（1）注意细节。

有些新闻稿件中的差错单独看起来微不足道，可能只是一句话、一个词，甚至只是一个字、一个标点符号，但有些细微的差错却有可能导致“差之毫厘，谬之千里”，特别在地名、人名方面。比如国名摩洛哥和摩纳哥，一个在非洲，一个在欧洲，一字之差，易地千里。如长沙—长春，济南—济宁，北京—南京等均是一字之差，容易混淆。

（2）注意缩略语。

汉语缩略语在新闻稿中的运用频率非常高，这是因为汉语缩略语是为了适应汉语使用者省时省力，以提高汉语交际频率的需要而产生的。新闻稿中出现的缩略语一定要是存在悠久的、生命力较强的、使用比较普遍的。比如“政协”、“人大”、“妇联”等均是新中国建立之初便存在的，人们早已经接受并熟知。对于一些生命力不强，甚至一次性使用的缩略语，应尽量避免出现。比如：

①目前，市“纠治办”已收缴各种大盖帽 1 646 个。

②全国参加“红读”活动的中小学生已达几万人次。

③市“解困办”在全国受表彰。

（3）注意“夹带”。

有一些差错“夹”在不被人注意的位置，和正确的内容混在一起，很容易蒙混过去。比如：

①他们先后游览了广东、广西、湖南、湖北等省的名胜古迹。

②天麻、人参、冬虫、夏草、三七、党参等名贵中药材。

③在这里聚居着蒙古、汉、回……四十多个少数民族。

在第一例中，显然，广西是自治区，不是省。在第二例中，冬虫、夏草是一种中草药，应称为“冬虫夏草”。在第三例中，因为汉族是我国的主体民族，人口占全国总人数的 90% 以上，不是少数民族。

（4）注意变化。

随着时间的推移，有些人与事时过境迁，其称谓也可能出现变化，因此在校正稿件时要特别注意。如东欧形势发生变化后，新闻稿中不能再出现“东欧社会主义国家”的提法。中韩建交后，也不能再称韩国为南朝鲜。另如：

“一批优秀中青年晋升高级职称。”

事实上，1986 年中央、国务院下文改革职称评定制度，实行专业技术职务聘任制度后，所评定晋升的应是专业技术“职务”，而不是“职称”。

（5）注意提法。

在检查新闻稿时，对于一些“高级”词，如“第一”、“首创”、“首次”、“破纪录”、“填补空白”、“达到水平”、“冠军”、“状元”、“最”、“非常”、“一流”等等，均要审慎对待。在一般情况下，这些“高级”词是否用得恰如其分，很难查对，因此除了重大事件、重要人物有据可查之外，均应毫不留情地删去。

还有一些提法如：“一致”、“数十年如一日”、“家家”、“户户”、“天天”、“人人”、“个个”等词，说得太满，太绝对，有失精准，最好不用。

（6）注意常用词的搭配。

什么字与什么字相配，组成一个什么样的词，这是早已约定俗成好了的。但由于作者用词时常会想当然，一不小心用错字，还往往会使粗心的编辑“上当受骗”。在此，我们要提醒编辑们细心再细心。

在稿件所用的词句中常会写错的字有哪些呢？

例如有：“经不住笑了起来”中的“经”应为“禁”，“物质交流会”中的“质”应为“资”，“嘎然而止”中的“嘎”应为“戛”，“又到‘双检’季节，农村丞盼农具”中的“丞”应为“亟”，“一张象”中的“象”应为“像”等。

再如有：“惨不忍睹”不能变为“残不忍睹”，“唇枪舌剑”不能变为“唇枪舌战”，“背水一战”不能变为“背河一战”，“破釜沉舟”不能变为“破釜沉船”，“叶公好龙”不能变为“叶公喜龙”，“釜底抽薪”不能变为“釜底抽柴”等等。

另外还有容易写错的字，如有：“坚忍不拔”中的“忍”应为“韧”，“按步就班”中的“步”应为“部”，“迫不急待”中的“急”应为“及”，“题纲挈领”中的“题”应为“提”，“烂竽充数”中的“烂”应为“滥”，“搬门弄斧”中的“搬”应为“班”，“为虎作怅”中的“怅”应为“伥”，“杯盘狼籍”中的“籍”应为“藉”，“火中取粟”中的“粟”应为“栗”，“出神入画”中的“画”应为“化”，“德高望众”中的“众”应为“重”，“不孚众望”中的“孚”应为“负”，“一叶遮目”中的“遮”应为“障”，“坐阵指挥”中的“阵”应为“镇”，“渊远流长”中的“渊”应为“源”，“契而不舍”中的

“契”应为“锲”等等。

总之，大凡以上讲到的稿件中出现的导向、内容、文字方面的偏差，必须在见报之前校正过来。

（二）消除稿件差错的方法

1. 替代法。

即以正确的内容或叙述代替不正确的内容或叙述。例如，一篇报道烟台市生产发展情况的稿件写到：“渤海的涛声依旧，但烟台的面貌发生了巨大的变化。”烟台市濒临黄海，稿件中的“渤海”显然是错误的，因此可以用“黄海”代替“渤海”。再如：由于丽江的知名度高，有些外国游客误把昆明当成了丽江的一个地方。提出了“昆明在丽江的哪里?”这是个很好笑、很滑稽的疑问。稿件见报时应把这种错误的疑问改过来。采用替代的疑问法有两个条件：一是代替的内容一定要是正确的。二是代替的内容一定要有根据。

2. 删节法。

即将原稿中包含差错的文字删去。在不了解实情，无法采用替代法校正原稿中的差错的时候，可以采用删节法。采用删节法的条件是：不能因此使稿件欠缺必要的内容。

3. 加按语法。

即不改动原稿的错误，而是在原稿中有错误的地方，附加编者按语，指出错误的所在。采用加按语法的好处是：既可以指出稿件的错误，又可以避免无根据的改动而导致在编辑过程中产生差错，或者避免因删节而造成稿件内容的欠缺。原稿中的某些错误，特别是思想观点上的错误，必要时可以采用加按语法来校正。但是，加按语法毕竟不是消除差错，差错仍然会见诸报面。因此，只有在不可采用替代法和删节法来校正时，才能采用此法。

二、压　缩

压缩就是删节原稿，使稿件主题更加突出，文字更加精练，达到“沉繁削尽留清瘦”，“简内尽是精华点”，“文约意丰，辞贵简远”的效果，使篇幅更加适合报道的需要，使读者能用很少的阅读时间获得最大的信息量。

压缩虽然并不给稿件增添什么，但它绝不是消极的。消除稿件中的赘余，这是一种美的创造。

（一）为什么需要压缩

一般需要压缩的稿件，有三个原因：

1. 稿件写作上有缺陷，使稿件变得很长。

常见的缺陷有如下几个方面：

（1）说得事情太多，不分主次，面面俱到。

（2）题目太长，什么都拉扯上。

（3）罗列现象，缺乏必要的概括。

（4）把普通的事、大家知道的事，说得很详细。

（5）不给读者留下想象的余地，写事情和盘托出，一览无余。

（6）讲一件事，收不住笔，旁生枝节。

（7）一件事翻来覆去地说，意思重复。

（8）事情从头写到尾，写过程时缺乏跳跃。

（9）不懂得新闻特点，喜欢抒情、议论。

（10）爱说空话、废话、假话、大话、套话，文字拖沓。

2. 稿件篇幅太长，与新闻价值不相称。

稿件的篇幅是构成报道量的重要方面，但若报道的东西价值不大，不宜采用巨大的篇幅来报道，否则不仅会浪费版面，而且可能造成读者对稿件重要性的错误认识。有些稿件之所以冗长，在文字上可能并无毛病，问题就在于作者小题大做，把“芝麻”说成“西瓜”，把一件新闻价值不大的事情当做大事来写，洋洋洒洒，不惜笔墨。

3. 报纸本身的需要。

有些稿件，本身并不存在上述缺陷，只是由于报纸的某种特定要求，需要进行压缩。其主要有以下几种情况：

（1）为了突出报纸特点，需压缩一般内容。

（2）要与其他稿件配合发表，需压缩某些相同的内容。

（3）版面容纳不下，需作适当压缩。

一般来说，稿件本身存在缺陷导致冗长而需要进行的压缩，是一种绝对性的修改。它不符合见报的要求，在任何报纸上和任何时候发表，都需要进行压缩。而这种压缩的量是由稿件本身的情况来决定的。此外，因稿件篇幅与新闻价值不相称和因报纸本身需要进行的压缩，是一种相对性的修改。

（二）压缩的基本方法

压缩稿件有两个基本方法：一是删意，二是删字。

1. 删意。

从前面列举的稿件需要压缩的各种情况来看，它们都有一个共同点，即作者在稿件中所说的事情太多，形成信息超载，使读者难以完全接受。要压缩这类稿件，必须精简稿件所要表达的内容，从删意入手，使稿件要传达的信息与读者的需要相适应。

删意是一种大刀阔斧的删削。从删削的文字的量来说，它删除的不仅是个别的字和词，而是句子、段落。删意可以从两方面入手：

第一，突出主体部分，删去冗赘部分。即删去稿件中一切无用而有害于主要内容表达的多余文字。在新闻中，就是删去毫无新闻价值的事实、尽人皆知的背景、画蛇添足式的议论、烦琐的过程等。

打个比方，人们吃鸡，没有人愿意连同鸡毛一起吃下去，删去稿件中的冗赘部分，就是请人吃鸡时，首先要去掉鸡毛。

例如：将下面两篇同题为《“甜蜜”的竞争》的原稿与见报稿作比较，就不难发现：其原稿主次不分、面面俱到，把稻香村食品店、冠生园南味店、江南食品店分段详写，大有啰唆、重复、冗赘之感，看后很胸闷，不知所云；其见报稿主题突出、层次分明、详略得当、文笔简练、语言优美、充满激情，让人有爱不释手之感。

事实证明：稿件改与不改是大不一样的。其见报稿是因为有编辑的才华和智慧，才使其原稿“起死回生”。

[原稿]“甜蜜”的竞争

“妈妈，妈妈，我要大白兔。”在稻香村食品店的糖果展销专柜前，一个5岁的男孩正在踮着脚尖，拉着母亲的衣袖，惊奇地朝柜台里翘首张望着。几十袋包装精美的糖就像一幅生趣盎然的白兔乐园：一只只活脱脱的大白兔，扑闪着生动的红眼，竖起可爱的耳朵，正向前奔着……3元一袋，孩子的母亲慷慨地买下3袋，逗着他说：“大白兔会把你的牙吃掉！”周围顾客一听有大白兔，纷纷涌过来把柜台围个水泄不通，不多时销售一空。有意思的是邻柜“天津起士林糖果展销”地理位置得天独厚，正对店门，但到底是冠生园的“白兔”以它营养丰富、奶味浓郁、柔软润滑的魅力赢得顾客的青睐。

冠生园南味店的上海糖果专柜前，人流的高峰刚刚过去，一部分人还在翘首张望。不甘心地打听着买一种夹心硬糖。忙碌半天的售货员抱歉地向顾客解释：“你们来晚了，这货实在摆不住，一上来就卖完。”琳琅满目的糖果色彩缤纷，它以质量和精美的包装吸引着人们。上海益民六厂的新产品夹心糖，工艺精细，一层晶亮透明的玻璃纸包着夹有仙桃、哈密瓜、荔枝的馅心，清香宜口，在这次展销中，异军突起，供不应求。一对青年夫妇在柜台外久久徘徊，正失望地准备离去，终于他们的目光搜寻到寄货箱中还“藏”着五块夹心糖，也买来共同分享甜蜜的果实。真是山穷水复疑无路，柳暗花明又一村。

最有趣的还是江南食品店。“上海奶糖展销”的广告牌上两只调皮的兔子引来众人的纷纷光顾。店里两个上海糖果专柜把天津的糖果围在中间，相形之下，上海奶糖优势不减，有时 2 小时内就卖掉 240 多袋“大白兔”。一位南方口音的老太太热情地在旁唠叨：“上海糖味道好，而且不粘牙，天津人懒，不动脑筋。你们要买，快到曙光去，那里正排大队呢！”

和平路乃天津繁华地带，劝业场更是寸金之地，上海糖果专柜能在久负盛名的老字号店立足，真不愧有过硬的信誉。它不仅丰富活跃了天津市场，方便了消费者对上海食品的需要，更促进了天津提高糖果生产质量。置身在人流熙熙攘攘的上海糖果专柜前，面对五光十色的糖果，我眼花缭乱，看着人们争先购买心爱的糖果，我想这分明是一种无形的“甜蜜”竞争。

看，勤奋的“大白兔”仍不懈地向前飞奔，天津的糖果市场既不能守株待兔，也不能龟缩不前。在这场“甜蜜”竞争中，发挥自己的优势，来一个龟兔赛跑吧，后来者也可以居上。

[见报稿]“甜蜜”的竞争

阳春三月，糖果市场本已开始进入淡季，但和平区稻香村、冠生园、江南三家食品店，却出现了“糖热”，从昨天起，在三家柜台上开始了一场“甜蜜”的竞争。

昨天，“上海糖果专柜”货一上柜，便拥满顾客。

“妈妈，妈妈，我要大白兔！”稻香村食品店内，五岁的冬冬扯住母亲的衣襟，踮起脚尖指着柜台里一袋袋上海大白兔奶糖，连声喊道。母亲对孩子向来是慷慨的，冬冬拎着一袋“大白兔”随母亲满意而去。一对准备在“五一”结婚的青年男女，看到这里出售十几种上海奶糖，喜上眉梢。男青年爽快地对记者说：“咱天津的奶糖粘牙！质量不如上海的好，我们正想托人从上海捎呢。今天可来巧了……”

实际上不是巧遇，和平区糖果公司有关人员透露：从本月开始，这个公司与上海有关部门联合，在稻香村等食品店“让”出一些柜台，专营上海奶糖，与本市奶糖一同上柜，人为组织了糖果竞争。“今后，我们还要与北京、福建、广东等地联合，设专柜把更多的优质糖果、蜜饯引进天津，与本市的产品争一争。”傍晚，江南食品店的一位女销售员指点着荔枝、哈密瓜等多种硬糖，不无感慨地说：“上海奶糖花色品种真多，我们天津的品种少。”她介绍，昨天一天就卖了一百多公斤上海奶糖。

看来，这一“甜蜜”的竞争中恐怕也会渗出一丝丝“苦”味来……

第二，突出重要部分，删去次要部分。就新闻来说，就是突出新闻价值较高的事实，删去新闻价值较低的事实以及对新闻事实的具体阐述等。

仍用吃鸡作比喻，这种方法就是不仅去掉鸡毛，并且舍去鸡肋等相对说来味道不太佳的部分，而且只让人们去品尝鸡肉中最鲜美的部分。

下面这篇稿件就是典型的因篇幅太长与新闻价值不相称，或因报纸版面有限，不得不压缩的稿件。

[原稿] 我国考古工作者最近确认秦皇陵仍然完好

新华社西安 1985 年 3 月 29 日电（记者苏昆生、刘海民） 秦始皇陵考古工作有新的突破。我国考古工作者最近确认，秦始皇陵墓地宫经历两千多年仍然完好，否认了《汉书》中关于项羽掘墓、地宫被焚的记载。

秦始皇陵位于距西安三十公里的骊山脚下，从秦始皇公元前 246 年即位时就开始修建，历时三十七年之久。在东汉班固撰写的《汉书》中，有项羽入关掘陵盗墓，牧童进入地宫失火烧掉棺椁的记载。此说世代相传，秦始皇陵是否被掘和焚烧过，成了这座规模宏大的地下宫殿有无开发价值的关键。

从 1962 年开始，陕西省秦始皇陵考古队在二十五万平方米的陵墓周围打下了多眼探井，发现油黑垆土、棕色土、黄土混合而成的地宫宫墙，土质为粉状，土层结构清晰，无人为破坏现象。考古工作者还用仪器在陵墓周围探井中，观测到在一千平方米的地宫中，弥漫着水银气体，证明了司马迁在《史记》中有关陵墓中用水银为“江河大海”的记载是准确的。班固在《汉书》中关于项羽掘墓、牧童焚其陵墓的记载有误。秦始皇仍在地下宫殿里“安眠”。

在地宫城外陪葬的墓内，考古人员发现了珍禽异兽和人的遗骨，棺椁、兵器以及陶俑、陶罐、陶盒等陶器。同时，还发现了一些奇异现象，有的陪葬墓中，没有棺椁，也不埋人。考古工作者认为，在这座帝王陵墓中，将会有更丰富，更珍奇的发现。

［见报稿］我国考古工作者最近确认秦皇陵仍然完好

新华社西安 1985 年 3 月 29 日电（记者苏昆生、刘海民） 我国考古工作者最近确认，秦始皇陵墓地宫历经两千多年仍然完好，否认了《汉书》中关于项羽掘墓、地宫被焚的记载。

从 1962 年开始，陕西省秦始皇陵考古队在二十五万平方米的陵墓周围打下了多眼探井，发现油黑垆土、棕色土、黄土混合而成的地宫宫墙，土质为粉状，土层结构清晰无人为破坏现象。考古工作者还用仪器在陵墓周围探井中，探测到在一千平方米的地宫中，弥漫着水银气体，证明了司马迁在《史记》中有关墓中用水银为“江河大海”的记载是准确的，班固的记载有误。秦始皇仍在地下宫殿里“安眠”。

此稿是按照编辑要求删节后只剩现在的 350 字的。删改理由：

（1）第二段为背景，可有可无，可删去。

（2）“项羽掘墓，地宫被焚”的说法在前三段中出现了三次，太重复，可将第三段倒数第二句删为《汉书》中的记载有误。

（3）最后一段为次要新闻事实，且考古人员预测无科学根据，可删去。

（4）导语中，“有新突破”句无多少新闻价值，可删去。导语和第三段是主干，故保留。

2. 删字。

有些稿件，就内容的取舍来说，是恰到好处的。但是，文字拖沓、啰唆，影响了可读性。压缩这类稿件就要对症下药，采取删字的办法，而不能采用删意的方法，不仅不能删意，而且要做到“字去而意留”。

俄国布尔什维克曾有一个编辑，叫奥里明斯基，很善于删节文章。他曾举过一个删节的例子。有一篇写华威尔城示威游行的文章，末尾说：“在游行的地方，曾来了地方警察，拘捕了八个游行示威的人。”他说，警察当然是地方上来的。要捕人，当然是“来了”。捕人的人当然是警察。被捕的人当然不会是在家里的老太太。经他一改，只剩下“八人被捕”。虽然文字少了很多，但读者从中获得的信息却丝毫没有减少，真正做到了“字去而意留”。

对于一些同义反复的词，更要避免同时出现。在新闻稿中，如“刚刚新婚”、“最先首创”、“首开先河”、“过去的往事”、“目前的现状”、“凯旋归来”、“悬殊很大”、“在背上背着”、“胜利地战胜了灾荒”、“不必要的浪费”、“活着的幸存者”、“意外的车祸”以及“而且还”、“目的是为了”、“涉及到”、“全部都”、“诉诸于”等等，词义重复，都需要删字。上述例子分别改成“新婚”、“首创”、“开先河”、“往事”、“现状”、“凯旋”、“悬殊”、“背着”、“战胜了灾荒”、“浪费”、“幸存者”、“车祸”、“而且”、“目的是”、“涉及”、“全部”、“诉诸”。通过这样删减，字去而意留，文章更简洁了。

此外，一些常见的冗句赘词也该删去。例如：“在……精神指导下”，“在……推动下”，“为了贯彻”，“为了落实”，“有专长的专家”，“有益的贡献”等中的重复部分均可删除。

三、增　补

即增加、补充原搞中所缺的内容。编辑一般没有对事实经过亲自调查，也不能代替作者发表意见，因而不能随意增补稿件内容。就新闻来说，可以增补的内容，一般有如下三种：

（一）背　景

背景即新闻中有关人物、事件、地点的历史知识或环境。例如，2008 年 5 月 12 日 14 时 28 分，四川省汶川县发生了 8 级强烈地震。地震发生后，中国几乎所有的报纸都及时地作了报道。而在报道这场大地震相关消息的第二段，几乎都加了一段介绍汶川县的背景材料。这些背景材料一般都是这样介绍的：

> 汶川位于四川西北部，阿坝州境内东南部的岷江两岸，“因县西汶水为名”。汶川是阿坝州的南大门，是大禹的故乡。全县现辖六镇七乡（六镇：威州镇、漩口镇、水磨镇、映秀镇、绵虒镇、卧龙镇。七乡：克枯乡、龙溪乡、雁门乡、草坡乡、银杏乡、三江乡、耿达乡），总人口 106 119。县城威州四面环山，堡子关雄踞杂谷脑河与岷江之间，有“三山雄秀，二水争流”之誉。是一个有居民 3 万余人的川西北高原具有现代化气息的新城。除县级行政单位外，全县有中央、省、州、县属企业 288 家，各类学校 38 所。县城威州邮电交通方便，公共设施齐备，商贸市场繁荣，不仅为全县政治、经济、文化、交通中心，也是阿坝州的门户要地。8 级大地震发生后，整个汶川县城 95% 以上的房屋已经被鉴定为危房。被称为“阿坝小香港”的汶川，整个县城将被推倒重建。

加上这段背景材料的介绍后，人们对汶川就有了一个大致的了解。特别是汶川是中国人耳熟能详的“大禹治水”故事中大禹的故乡，在报道地震消息时增加此段背景介绍更是必不可少的。

（二）回　叙

回叙是在连续报道中对已发表的报道的简要复述。

连续报道是相互联系的，而发表时，每个报道总要间隔一段时间，读者阅读今天的报道，未必一定阅读过昨天的报道，即使读过，也可能已经遗忘。补充回叙的目的，就是交代已报道过的事实，使读者对连续报道有比较完整的了解，避免突然之感。例如，有一条报道伊战失踪记者的消息是这样写的：

伊战两年半共66名记者殉职高于越战20年总数

本报讯 设在法国巴黎的“记者无国界组织”8月28日说，自从2003年3月20日伊拉克战争打响以来，66名记者在伊拉克殉职；而在越南战争20年期间，只有63名记者在那里殉职。

路透社指出，虽然两个数字相当接近，但是，伊拉克战争至今只进行了两年半左右，而越南战争却是从1955年至1975年持续了整整20年。

“记者无国界组织”指出，对记者来说，伊拉克是世界上最危险的地区。除了66名记者在伊拉克遇难外，还有22人曾经遭到绑架，其中1名意大利记者被绑架者“处死”，其他均已获释。

在伊拉克战争期间，第一名遇难记者是澳大利亚广播公司的摄影记者保罗·莫兰。他在2003年3月22日遭到汽车炸弹袭击死亡；最近遇难的是路透社录音师瓦立德·哈利德。2005年8月28日他在巴格达遭美军枪击身亡，与他同行的一名摄影师受伤并被美军逮捕。

这篇稿件最后的一段是回叙。这段回叙以过去发生的具体事实为新闻主题提供了有力的支撑，也使这条新闻稿更加具体生动而免于空泛。

（三）新闻事实

增补新闻事实即请记者或作者对稿件中遗漏的新闻要素进行增补，或对过于简单的内容加以补充和解释。新闻稿件报道新闻事实，通常应该写清楚新闻五要素，即何人、何时、何地、何事、何故，如果没有特殊的原因，这五个要素一个也不能少，而且要让读者能看得明白。但有时因为记者或作者的疏忽，有些稿件在介绍“何地”时，只有小地名，如只有村名、巷名，没有大地名，如没有某省某市，结果读者看了稿件仍不知道新闻的发生地。例如：一家全国性报纸登出的一篇通讯，开头写到：“提起沙戈庄，谁都知道它是一个又穷又苦的地方。”通讯始终未交代该庄在何省、何县。不要说一般读者不会知道沙戈庄在何处？即使想要查找，也无从找起。因此，对于省报来说，稿件中第一次出现的乡，应该交代所属县的县名；对于全国性报纸来说，稿件中第一次出现的地区、市县前面都应加上所属省（自治区、直辖市）的名称。

四、改　写

改写是以原稿为基础的重写，是修改稿件中难度最大、操作最复杂的一种修改方法。对材料比较充实，但是写得不好或不符合报道要求的来稿，往往要采用改写的方法。改写可以是局部改写，也可以是全篇改写。改写方法主要有以下几种：

（一）改写角度

写作有个角度问题，“横看成岭侧成峰”。同一件事，写的角度不同，突出的重点就不一样，效果也不完全相同。事实证明，选择一个好的角度来写，是使稿件能更好地吸引读者的关键。

有的来稿材料很丰富，很动人，只是写作的角度选择得不好，或者不适合报纸风格的需要，这种情况就需要改变角度。从这份报纸角度改为从另一份报纸角度等。例如：1977 年 10 月新华社播发的消息《“飞蝗蔽日”的时代一去不返》。原稿的角度主要放在中国科学工作者写出的重要学术专著《中国东亚飞蝗蝗区的研究》上。编辑根据原稿提供的内容，改变了角度，同非洲至今蝗害仍频，亚洲印度等地蝗灾仍然触目惊心的情况相比较，历史上蝗害严重的我国，在新中国成立后二三十年的时间里就根除了蝗灾这一新闻事实的角度入手，一下子将原稿的新闻价值提高了许多。该消息播发后，引起了读者浓厚的兴趣，产生了良好的效果。

（二）改变体裁

体裁作为一种表现形式，总是服务于内容的。有时为了突出某一部分内容，往往要相应改变稿件的形式，即体裁。消息是报纸的主角，消息的特点是报道最新的事实变动。有时为了突出一些稿件中写到的某些事实的新变动，就要求将这些稿件从非消息体裁改变为消息体裁。将非消息体裁的稿件改变为消息，可以说是报纸编辑改变体裁中运用得最多的一种。将非消息体裁改写为消息后，一般都比原稿更简短，事实更突出，加上消息这种体裁容易引起读者注意，因此往往能收到更好的效果。

改变体裁的一般原则是：由信息容量大的体裁改为信息容量较小的体裁。比如从通讯、调查报告、经验总结及其他文章改为消息，而消息一般只能改为简讯、花絮等。

例如：《浙江日报》曾刊登题为《两千多双女鞋的遭遇说明了什么》的消息，被评为全国好新闻。这篇消息是由通讯改写而成的，原稿近 1 600 字。全文如下：

记者最近去仙居县采访，听到一个饶有兴致、却又发人深省的故事。

事情还得回溯到1977年7月。那阵子，县百货公司组织到一批宽口女式带鞋，它以式样大方、穿着舒服方便，博得了县城中青年妇女的喜爱。不料，行情突变，“俏货”一时变得问津者寥寥。殊不知，一件商品在城里是滞销品，在农村也许是畅销品。这要看渠道通不通了。但是公司不问青红皂白，一下把剩余的2 500双鞋子打入冷宫。这批货物也就默默无闻，在批发部仓库里静悄悄地躺了一年半，再也没人去“搭理”它们。去年初春，职工们在整理仓库时，有人突然惊叫起来，众人一看，却见那鞋子，有的有白花斑子，已经发霉了。这下公司领导着急起来了，在去年10月，公司轻巧地将笔一挥，削价七折处理。恰逢城关开交流会，供销社同志进城，好说歹说，以移库代销方式，请供销社协助推销。田市区供销社有个常驻城关的采购员，那日，她看了鞋子，踌躇一会，终于答应先拿20箱（每箱计30双）。横溪供销社拿了20箱，下各供销社拿了10箱。

县百货公司满心喜欢，鞋子总算有出路了。但总有点放心不下。公司批发部同志下去时，总爱到这3个供销社溜达溜达。一天，批发部老严去白塔，踏进供销社仓库，四下里一瞧，只见墙角边整整齐齐地叠放着20箱鞋子。怪不得刚才商店柜台里见不到，便问供销社同志：“怎么不摆样?”“没人要。”语气十分肯定。

按理说，商品从城镇流向农村，只有同群众见面或送货下乡，才能了解农民的需求，但供销社以种种理由推辞掉了。移库代销，实际上是移库代库。光阴荏苒，眼看今年的霉季又将来临，县百货公司惦念这批商品，于是在2月底通知各供销社将鞋子退回。退得最快的是田市区供销社，20箱鞋子原封不动，亮晶晶的玻璃包装纸一张没撕。

鞋子又回到了批发部的仓库，大概公司批发部注定是要供销社推销了。批发为零售服务嘛，坐商就不好改改行商吗?

说来也巧。正在公司为难之际，4月初的一个早晨，白塔两个上了年纪的商贩来县公司批发部进货，批发部的人灵机一动，随即拿出一双鞋子，如此这般评论了一番，其中一个看了一会儿，觉得这鞋子挺合农村中青年妇女的心意，便试着进了两箱（60双）。回去后，当即在街上设摊供应。出乎意料，20来分钟就被抢购一空。两位商贩喜出望外，连忙带了2 000多元钱，租了一辆手扶拖拉机，风尘仆仆赶到城里，把百货公司批发部仓库里剩下的几百双鞋子全包了。第二天适逢市日，那些头天没买到鞋的顾客早就等候在街头。摊一摆开，就被围得水泄不通，顾客伸着手要买。离摊点近百米处有一个供销社下属的杂货商店，店里的3个营业员闻讯后，也跑过来，各自买了一双。不到一小时，在公司仓库里躺了几年的货物就被卖光了。

再说供销社3个营业员买去后，消息传到供销社领导那里，一个电话打到城关，向批发部要这批货。

说来也有意思，下各供销社当初公司想要退回这批货时，没有及时退回，一听白塔动销了，也从仓库拿出来，顷刻间也销光了。

“滞货”一下变成了“俏货”，原来你推我搡的商品，现在变得你争我夺。横溪退货晚了一步，刚退回，看到顾客很欢迎，又拿了10箱去。公司批发部为这批货有了销路而感到舒心。这天，田市区供销社打来电话，埋怨公司批发部为什么将俏货批发给合作商贩了，接电话的人哭笑着说：“哎呀，这批货原来是你们退回来的呀!”放下电话，又进来一个女同志，老严一看，是田市区供销社那位采购员。她倒有点不好意思，鞋子以前是她进的，退也是她退的，现在又来进了。公司批发部立即把横溪的10箱“照顾”给田市供销社了。

2 500多双鞋子的风波结束了。其实，两位商贩做生意也没有什么诀窍，只是摆出样品，深入到顾客中间。如此简单的事，堂堂国营商业的职工缺少那么一种精神，说明官商作风害人不浅。记者在县百货公司批发部看见，安排旺季市场的工业品源源不断而来。仓库、会议室都挤得满满的，连办公室都腾出来了，而很多商品批发给供销社，又不要。今年批发部领导连呼“生意难做”。看起来，很需要有小商贩那种作风。

实事求是地说，这篇通讯反映的事实是典型和精彩的，但可惜是，典型和精彩的内容被淹没在烦琐的叙述过程中了，看着让人心情烦躁，难以及时一睹“庐山真面目”。怎么办？将其改写为读者看起来更简洁明快的消息。

请看改写成消息后的见报稿：

本报讯 积压在仙居县百货公司两年半的2 000多双女带鞋，在和农民见面后，竟变成了畅销货。

这批滞销品变成畅销货，有一段曲折的经历。早在去年初春，仙居县百货公司职工在整理仓库时，就发现有一大批女带鞋已经积压了一年半时间。在这一年半中，他们坐店经商，没有带鞋下乡和征询农民是否需要。去年10月份，这个公司领导曾委托了几个供销社“移库代销”，并削价出售。田市区供销社和横溪区供销社各拿了600双。但是，这两个供销社没有把这批女鞋陈列出来，也没有携带下乡给农民看看。于今年3月份又退回到了仙居县百货公司。

今年4月初，县百货公司积压一大批女带鞋的事被白塔的两个商贩知道了。他们一口气买了60双，在白塔的街道上摆了鞋摊。结果只花了20分钟就被抢购一空。当天下午，两个商贩又带了2 000多元钱，向县百货公司批发了900双鞋子。第二天适逢集日，那些头一天没有买到鞋子的农民，早就等候在街头了。鞋子一摊开，就被围得水泄不通。不到一个钟头，900双鞋子全部卖光。这时候，田市区供销社和横溪区供销社闻讯也赶到县百货公司，各要了300双鞋子去卖，也很快销售一空。

这样修改的结果，让读者一看便知该消息的“亮点”自然喜欢继续阅读下去。

（三）改变结构

文章结构，要求有条理，有波澜。有些来稿的毛病就在于结构紊乱，让人看不清头绪，或者是平铺直叙，过于呆板。遇到这两种情况也需要改写，使之既有条理，又有波澜。

有条理，就是要使稿件各部分之间紧密联系起来，或按时间顺序写，或按事情的发展过程写，或按事物的因果关系写。内容上的这种联系，还要通过一定的文字表达出来，使之相互照应，过渡自然。

有波澜，就是要有所起伏，“文似看山不喜平”。一览无余，总觉单调。从内容上讲，就是要有冲突，一波未平，一波又起，可以用辩证法，即正面讲了讲反面。从结构上来说，就是顺叙、倒叙、穿插结合运用。

对新闻稿件的改写，要注意把握各种新闻稿件的特点，特别是要注意在各种新闻稿件中“高潮”的位置。消息的“高潮”在前部（导语），通讯的“高潮”在中部（主体）及尾部（结尾）。例如：有一篇联合治理黄河流域的消息原稿是这样写的：

本报讯　长江、嫩江、松花江流域的特大洪灾，也给了沿黄河流域的各省区一个很大的警示。日前出席在此间召开的黄河经济协作区负责人第十一次会议的各位代表已达成共识：黄河流域各省区在经济发展上要加强协作，在生态环境上更需要加强协作。

近年来，黄河流域内环境持续恶化，已引起各省区的高度重视。

“沙患”、“水患”，加上中下游频频出现的“水荒”，已经严重影响了沿黄地区的经济发展和人民生活。出席会议的山东、河南、山西、陕西、宁夏、内蒙古、甘肃、青海、新疆各省区及新疆生产建设兵团等领导人认识到，改善黄河流域的生态环境，上下游、左右岸的人民都义不容辞。根据国家今后治黄的工作重点，各省区将主要做好以下工作：一是加大投入，进一步加强水利基础设施建设，控制黄河泥沙，调节黄河水量；二是搞好节水灌溉，发展节水农业，最大限度地提高黄河水资源的利用效率；三是做好中上游植被保护和涵养水源工作，加快黄河中游生态工程建设和下游滩区综合治理；四是在产业布局上要统一认识，严禁未经处理的污水排入黄河。

会议还出台了《关于加强黄河沿岸林业生态工程建设和滩区综合开发的意见》。其中对从今年起开始启动的中游林业生态治理工程进行了全面部署，提出要利用 30 年时间，使黄河流域治理区森林覆盖率由目前的 10.1%提高到 27.1%，局部地区达到 30%以上。其建设目标是到 2030 年黄河中游宜林地全部绿化，新增森林面积 7.96 平方公里；黄土高原风沙区新增森林面积 1.50 万平方公里；黄河源头及上游地区新增森林面积 2.84 万平方公里。黄河上游的省区如青海等省决定，全面实施黄河源头生态环境治理工程，计划用 13 年时间，在 8 个重点治理区建设包括造林绿化、治理沙化、建立自然保护区等在内的 96 项生态工程，初步形成黄河防护生态体系，同时搞好河堤防浪林工程建设，提高抗洪能力。

该稿存在的问题是：

1. 导语未提炼出最重要的新闻事实。
2. 背景材料过于含混。
3. 主体事实太多，主次不分。

怎样改动？编辑是这样考虑的：突出生态治理这一主题，使文章重点突出，脉络清楚。具体做法如下：一是把原稿打散，将文中搅在一起的数个新闻事实分别拆解出来；二是每个新闻事实用一个自然段讲述，事实清楚分明；三是按照倒金字塔结构安排各个自然段的顺序。

请看下面的见报稿：

本报讯　黄河流域从今年起开始启动中游林业生态治理工程。30 年后，这里将新增 8 万平方公里森林，两岸宜林地全部披上绿装。

记者从日前召开的黄河经济协作区负责人第十一次会议获悉，一份关于加强黄河沿岸生态工程建设和滩区综合开发的意见已经出台。

与会代表已达成共识，在加强协作发展经济的同时，组成生态环境建设的共同体，联手治理这条中国第二大河面临的“沙患”、“水患”和中下游频频出现的“水荒”。

黄河流经的省区包括青海、甘肃、宁夏、内蒙古、陕西、山西、河南和山东。

在长江、嫩江、松花江流域的特大洪灾后迅速面世的这份方案，主要内容是黄河上下游、左右岸将全面实施绿化造林。仅黄河源头青海等省即准备用13年时间在8个重点治理区建设96项生态工程。

对沙化严重的黄河中游地区，会议为今后启动的生态治理工程定下的建设目标为：利用30年时间，使这个流域的森林覆盖率由目前的10.1%提高到27.1%，局部地区达到30%以上。其中“沙患”之源的黄土高原风沙区新增森林面积1.5万平方公里。

黄河流域各省区还决定采取统一行动，根据今后国家治理黄河的工作重点，进一步加强水利工程设施建设，发展节能农业并严禁把未经处理的污水排入黄河。

（四）改写导语

导语是消息的重要组成部分，在消息中最引人注目。编辑在修改原稿时，应在导语上多下工夫。

有两类导语需要修改：一类是原稿导语没有突出新闻中最重要、最吸引人的事实或者写得不简明。

另一类是原稿导语缺乏报纸特点或者原稿导语已见诸其他报纸。为了突出报纸特点或者避免与其他报纸雷同，给读者以鲜明感，这类导语也需要改写。

第一类需要改写的导语举例如下（改前、改后比较）：

［**原稿**］　10月中旬，北方冷空气与热带低气压团在海南岛上空拉锯相持，形成强降雨云团。13日至16日，大雨暴雨普降海南，导致一场百年不遇的洪灾。

这条导语专业术语生涩，行文拖沓，不能不改。

［**修改稿**］　10月13日至16日，一场百年不遇的特大洪灾突袭海南。

修改后的导语简洁明快，消息主题一目了然。

五、分　篇

稿件的内容很重要，但涉及的方面比较多，篇幅比较长。如果全文照登，因其主题不突出，且又是大块文章，不能引起读者的注意。即使读者注意到了，也未必都有时间去读。像这种稿件，编辑就可以采用分篇的办法来解决，即“化整为零”，把一篇大稿件分成几篇小稿件来发表。一篇小稿件只谈一件事，其重点突出，篇幅又小，可以避免上述缺陷。

例如对下面这条修改前后的消息的对比，就可看出其修改效果。

［原稿］靠机票涨价能渡过难关吗

新华社记者　林红梅　索研

这两天人们发现机票价涨了。有关专家分析说，随着加入世贸的临近，机票涨价的空间越来越小；与此同时，国际航线的机票都在打折。市场提醒民航部门应当通过改革理顺体制，而不是靠机票涨价来渡过难关。

据了解，国家计委已经批复了中国民航国内航线实行浮动票价。具体内容是：为减轻航空煤油价格持续上涨对航空公司运输成本增加的影响，自11月1日起，允许国内航线票价在不超过公布票价20%的幅度内适当上浮，单程票价上浮金额最多不得超过150元；建立国内航线票价与航空煤油价格变动联运机制，今后航空煤油价格累计每上涨或下降10%时，允许各航空公司国内航线票价再上浮或下降3%；实行票价浮动的具体航线、幅度、时间由各航空公司根据市场供求情况自主确定，并提前7天对外公布。

中国民航总局解释说，从去年11月到现在，航空煤油价格8次上调，上涨幅度为86%，其中10月份每吨上涨480元，幅度达25%。预计中国民航全行业今年因此增加支出40亿元，于是机票涨价成了“无奈之举”。

我国价格学专家、中国人民大学经济系主任许光建教授认为，在价格上做文章只能是中国民航渡过难关的“权宜之计”。按照一般经济学理论，价格怎么降、怎么涨是企业的权利，企业确定价格的依据是成本，旅客对价格的接受程度决定着企业的存亡，故价格被称为“看不见的手”。对于旅客来说，人在旅途，渴望安全、舒适、快速、经济，运输企业对四要素的满足程度，决定着旅客的选择。

另据分析，在国内民航机票价格变动的背后，隐藏的是中国民航现行体制问题，这种体制是造成民航公司高成本和价格不顺的根源，也是国家不得不对民航价格进行调控的原因。决定价格的基本要素是成本，机票价格高的主要因素是成本高，而成本高与我国航空公司太多有关，几架飞机就可以成立一个公司，总公司又设分公司，规模太小自然成本提高。另外，我国航空公司都是国有企业，产权不清晰，航空公司与政府没有脱钩，不是真正意义上的“独立核算公司”。在1997年和1998年两年的低价倾销中，大部分价差都落入中间代理人的腰包，航空公司出现大量亏损，“打折”的结果是损害了国家利益、肥了小团体，支持这种价格战的就是现有产权关系。

从竞争角度看，涨价要看旅客买不买账。我国铁路10月份进行了第三次大提速，但火车票价格没有涨。速度快了，时间短了，车票不变，等于相对降价。机票价格涨，火车票价格降，势必会有更多的人选择乘坐火车，民航在与铁路的竞争中将处于劣势。据了解，国内23家民航公司在联营的108条航线上，由于担心客源流失，将机票价格上涨幅度“暂时”定为15%，与计委批复的20%相比，仍留有余地。

有关专家认为，价格太高或太低都不利于一个行业的发展。太高只会追求短期效应，太低将降低产品质量，价格的制定应有一个稳定的变动机制。民航的根本出路在于进一步改革。首先是理顺体制，各级政府应退出来，航空公司应该交给市场来办，在市场中求生存。其次是发展规模经营，组建企业集团。体制理顺了，就可以按照市场规则运作，成本自然会降下来，机票价格才会接近旅客需要。

［见报稿］中国民航总局解释：
油价涨8次　民航吃不消

这两天人们发现机票涨价了。

中国民航总局解释说，从去年11月到现在，航空煤油价格8次上调，上涨幅度为86%，其中10月份每吨上涨48元，上涨幅度达25%。预计中国民航全行业今年因此将增加支出40亿元。于是机票涨价成了“无奈之举”。

经济专家分析认为：机票价格变动背后隐藏民航现行体制问题

另据分析，在国内民航机票价格变动的背后，隐藏的是中国民航现行体制问题。这种体制是造成民航公司高成本和价格不顺的根源，也是国家不得不对民航价格进行调控的原因。决定价格的基本要素是成本，机票价格高的主要因素是成本高，而成本高与我国航空公司太多有关，几架飞机就可以成立一个公司，总公司又设分公司，规模太小自然成本提高。另外，我国航空公司都是国有企业，产权不清晰，航空公司与政府没有脱钩，不是真正意义上的“独立核算公司”。在1997年和1998年两年的低价倾销中，大部分价差都落入中间代理人的腰包，航空公司出现大量亏损，“打折”的结果是损害了国家利益、肥了小团体，支持这种价格战的就是现有产权关系。

国家计委调价批复透露重要信息：机票禁折令解除了

据了解，国家计委已经批复了中国民航国内航线实行浮动票价。具体内容是：为减轻航空煤油价格持续上涨对航空公司运输成本增加的影响，自11月1日起，允许国内航线票价在不超过公布票价20%的幅度内适当上浮，单程票价上浮金额最多不得超过150元；建立国内航线票价与航空煤油价格变动联运机制，今后航空煤油价格累计每上涨或下降10%时，允许各航空公司国内航线票价再上浮或下降3%；实行票价浮动的具体航线、幅度、时间由各航空公司根据市场供求情况自主确定，并提前7天对外公布。

六、综　合

综合就是把几篇稿件合成一篇统一的稿件，即“化整为零”，这与分篇正相反。综合不是简单的加减乘除法，而是一种再创造。

有的稿件往往是同一主题的，只是反映的地区、方面不一样，这就需要综合。有时同一件事情的连续报道，因篇幅关系，不能逐一报道，也可采用综合的方式。此外，正反对照的稿件也可以进行综合。

写成对比的综合报道，使矛盾暴露得更清楚，更能引起人们的注意，从而促使矛盾的尽快解决。

怎样进行综合？主要分三步走：

第一步，分析。对于需要综合的稿件，编辑必须先透彻了解它们的内容，包括主题、具体观点、材料等。

第二步，寻找共同主题。即认真分析各篇稿件内容，发掘它们所具有的共同性的东西，并形成一个统一主题。

第三步，在同一个主题下，把各篇稿件重新组织起来，做到有详有略。

例如：2003 年底，重庆市开县井喷事故造成 243 人死亡。当时，有关部门不让炒作，某媒体的编辑于是综合了新华社、中央电视台的报道，写成《残酷的时间拼图》一文，原封不动地列出事件和行动发生、发展的时间，自然形成了对比，用客观手法暗示救灾的迟缓。

再如：2008 年 5 月 12 日 14 时 28 分，四川汶川发生了 8 级强烈地震。地震发生后，人们既为地震灾区人民的自救、自强精神感动，也为全国人民团结、互助精神鼓舞。与此同时，中国各大报纸几乎在主题相近的消息、通讯标题下，多次综合报道了全国各地人民与灾区人民心连心，共同抗震救灾的可歌可泣的感人事迹。

七、改稿的三个“尊重”

1. 尊重事实，坚持新闻报道的真实性原则。真实性是新闻报道的生命，编辑应该为此而不懈努力。修改稿件时，要一是一、二是二，既不夸大，也不缩小。通常情况下，只“加工”，不得“加料”。如有必要“加料”，也一定要通过调查研究取得“发言权”，而且不凭“经验”办事，更不能自作聪明，自以为是或想当然，想怎么改就怎么改，一定要做到字字句句都对作者、读者负责。

2. 尊重作者，不把自己的观点和爱好强加于人，尽量使稿件保持原有的特色。编辑对稿件有修改的权利，但是编辑不能滥用这种权利，应和作者建立起一种平等的关系。虽然分工不同，但目标一致。在修改稿件时，编辑应该树立以人为本的思想，充分考虑到作者的风格和个性，在不损害主题思想和产生差错及其他问题的情况下，能够保留的就保留，能够小改动的就小改动。只要不是不真、不正、不好、不通的内容或词句，能不改的就不改。

3. 尊重打字、校对人员的劳动，精改原稿，最好不要反复折腾。编辑在修改稿件时，事先要多思多想，落笔要慎重，要着眼于精改原稿，不能在小样上大删大改，大动干戈，甚至反复修改。这样，势必给打字、校对人员增加工作量，而且容易出错，或者推迟出报时间。编辑在修改稿件时，还应注意字迹清楚、优美，勾画分明，该重写的就重写，该重抄的就重抄。要本着把困难留给自己，把方便让给别人的精神，为下一道工序创造有利条件。这样，才会赢得报社其他同仁的尊重和好评。

八、改稿的十个“不改”

1. 对于通讯社播发的重要政治性稿件和对于上级审定的稿件，内容上一般不允许改动。

2. 对本报资深记者的稿件和在某个领域有特别专长的记者的稿件，不要无理由地随便大改。

3. 在有可能导致记者对编辑形成强依赖时，不要轻易改稿。

4. 尽可能不改变原稿的风格。

5. 没有说得出口的原因，不要轻易改。

6. 不要随便改自己不懂的东西。

7. 不要以点带面。

8. 不要随便改直接引语。

9. 不要随意拔高。

10. 不要在删节时，把不该删去的核心新闻事实等删去了。

第四节 修改稿件的常用符号

目前，我国大陆报5纸的常用改稿示意符号主要有：

名　称	名　称	名　称
改正		
增补		
删除		
恢复		
另行		
连接		
互换		们 我
移位		
排齐		
扩、缩距		
改字	改	改小二黑

第八章　稿件的配置

稿件经过选择、修改和制作标题之后，就完成了对单篇稿件文字内容的编辑工作，但围绕这一组稿件的编辑工作并未结束。编辑还需要思考如何将单篇稿件组织成不同形式的群体稿件，并通过版面呈现给读者。因此，稿件的配置，就是编辑对两篇或两篇以上的稿件（含图片）进行局部组合的一种编辑方法。它是提高稿件宣传影响力和战斗力，甚至是办好报纸的重要途径。自然，它也是编辑在报社工作的经常性的重要任务和职责之一。

第一节　稿件配置的意义和类型

一、稿件配置的意义

具体说来，内容配置的意义主要有三点：

（一）克服单一稿件的不全面性

如果一篇新闻报道是以某一事件为主要内容的，那么它对这一事件之外的其他类似的事实就不可能涉及；如果是以新闻事实为主的报道，那么对这一类事件所证明的观点和规律就很难适当融入；如果报道的事件是现在的情况，那么就很难有充分的笔墨去提示历史；如果以文字为报道手段，那么很少有图片、图表等，就很难给读者留下直观的印象。所以，仅就一篇文稿或一幅图片而言，它无法全面地满足读者多方面的要求，单篇新闻稿的有限性与读者兴趣的广泛性产生了难以协调的矛盾。这就需要编辑通过对版面内容进行有意识地配置来加以解决，以充分满足读者对其报道丰富性的要求。

（二）体现单一稿件间的联系性

有些稿件是相对独立的，但彼此之间总会存在着某种特别的联系。这种联系大致可以分为三种：一是时间的相关性，即不同地区、不同内容的稿件反映的可能同是某一特定时间内所发生的新闻；二是地点的相关性，即不同内容、不同时间所发生的新闻可能都发生在某一相同的地方；三是内容的相关性，不同时期、不同地区的稿件可能反映的是相同、相对或互补的内容。这些相关性就是把稿件联合起来刊发的结合点。因此，微观地了解每一篇稿件的特点，宏观地掌握稿件间的相互联系点，并将这种联系点通过稿件间的组合、补充、排列而呈现在版面上，就成为编辑工作的一项重要内容。事实上，通过多篇独立稿件组合所形成的群体稿件，对深化原单一稿件的主题和扩大宣传效果起到了积极的作用。

（三）体现报纸各版面的不同特点

稿件配置的另一特殊意义是：可使报纸各版分工更明确、更具特色。一份报纸分为若干版，每个版的内容相对固定，因此，我们除了以自然版序称呼版外，还可以版的固定内容的类别来称呼各版。比如，要闻版、科教版、文化版、社会新闻版、经济版等，每个版不仅内容相对固定，而且还有相对稳定的形式，两者统一起来便形成相对固定的特点。要将内容和形式有机地统一起来，体现个性，其中一个不可或缺的手段就是对稿件的内容通过一定的形式进行配置。只有充分进行配置，才可能使随意的、零散的、孤立的稿件成为体现版面特点的要素，并使每一个版具有整体特点。

二、稿件配置的类型

新闻稿件的配置有两种类型：一种是文配文；另一种是文配图。

文配文是指不同文字稿件之间的配置。这里又可以分为两种：一是主题相同、相对或相关的新闻稿件的配置。其稿件之间是一种并列、连续关系。二是新闻稿件配评论、资料、按语等。其稿件之间是一种补充、解释关系。

文配图是一种新闻稿件与图片之间的搭配关系。这里的图片包括新闻照片、漫画和图表等。

第二节　稿件的组合

稿件的组合是指将具有某种共同性的稿件进行合编，组成统一的群体稿件。其侧重点是：将内容有紧密联系的稿件放在一个标题之下，或将一组有联系的稿件配套集中在一起刊出，或将若干具有共同性的稿件组成一个专栏等。

最常见的稿件组合有同题集中和设置专栏两种形式。

一、同题集中

所谓同题集中，是指把内容相关联的稿件置于一个标题之下集中发表的方法。同题集中是以稿件的内容的联系或相互补充为前提的。常见的结构关系有以下几方面：

（一）联合编排

即针对相同的内容或相同的报道对象采用同题集中，突出其中同一的方面。例如：某报的一个获奖版面的头条，便是一个同题联合归类的例子。它由几篇不同体裁、不同行业、不同侧面的稿子组成。这些稿子反映的均是一个相同的主题——关于法制的问题，因此它们共同的标题是《学法 守法 懂法》，通过同题归类，这个头条的表现力一下子得到了增强。

（二）连续编排

即几篇稿件是报道同一事件连续发生、发展过程的，采用同题集中的方式在一次栏目里刊发。这样编排可鲜明地揭示事件发展的来龙去脉。例如：2000 年 10 月 18 日《人民日报》登载朱镕基总理结束日本之行到韩国进行正式访问的消息，就是在一个标题下集纳了两条消息：一条发自汉城（现改称为首尔），报道朱镕基总理到达汉城；另一条发自大阪，报道朱镕基总理结束对日本的访问，离开大阪前往韩国。标题的主题突出“抵达汉城”这个最新的事实，“结束日本之行”则在引题中提示出来。这样，读者对整个事件的进程就能了解得很清楚了。

（三）对比编排

即把内容有矛盾性质的稿件采用同题集中的方式编排，通过标题的对比，揭示事物的矛盾性质，鲜明的衬托使稿件更有说服力和感染力。例如：1987 年 3 月 14 日，新华社发了两条关于中程导弹谈判的消息：一条是报道美国指责苏联没有对美国关于在全球范围内消除中导的建议作出反应；另一条是报道苏联外交部发言人就日内瓦欧洲中导谈判停滞不前而指责美国。某报将这两条新闻集中在一个标题下发表。标题是《苏美互相指责　中导谈判停滞》。这种对比编排，更有利于读者全面了解中导谈判停滞的原因。

（四）参照编排

即把几篇反映同一事实，但消息来源不同的稿件置于同一标题下，这样有利于读者相互参照阅读。一方面有利于他们进一步了解事实真相，另一方面也有利于他们作分析、对比。例如：有时报纸会刊登出真相矛盾的稿件。一方指责对方“入侵”，另一方则完全否认；一方宣布胜利，另一方也宣称获得重大战果等等。值得注意的是，编辑不宜介入事件中去。对此类事件的报道，采用同题集中的形式发表不同来源渠道的消息，多方参照，让读者去思考和判断，是一种比较适宜的处理方法。

（五）相关编排

即编辑在处理稿件时把几篇内容虽不相同，却具有内在关系（或因果关系或述评关系或呼应关系）的稿件组织在一起发表。例如：1987 年 11 月 13 日，新华社驻华盛顿记者发回一条消息，美国总统里根宣布，因巴西政府对本国的计算机市场实行禁销美国公司的产品的保护措施，美将对巴西实行贸易制裁。第二天，某报记者从巴利瓦发回消息，说巴西政府对美国单方面实行制裁的做法表示强烈不满。

这两条消息来源不同的稿子互为因果。某报将它们放在同一个标题下发表，该标题为《里根宣布对巴西实行贸易制裁　巴西认为美国的做法毫无道理》。这种同题相关归类的编发能使读者对事情的来龙去脉有一个清楚的了解，并能正确地引导舆论导向。

二、设置专栏

专栏即是将若干具有共同性的稿件组织在一起，形成版面上相对独立的一个区域。专栏的稿件组织形式是我国报纸中常用的一种编辑方法。

一般而言，专栏有两个显著的特点：

1. 共同性。
2. 专栏在整个版面中自成格局。

专栏是编辑处理稿件时经常采用的方式之一。按总的稿件数量分，专栏有单一性专栏和集纳性专栏两种。前者每期只刊发一篇稿件，它必定是连续性的。集纳性专栏往往是由多篇稿件集合而成，既有连续性的，也有非连续性的。

专栏的优势在于可以按报道要求提炼和突出稿件的某一共同因素，使事物或问题的表现更为深入，并引起读者更多的注意。专栏的每一篇稿件可以比较短小，只侧重说明事物的某一个方面，但作为整体它在一定程度上能展示事物或问题的深度和广度。因而组构专栏有利于扩大报道面。同时，从形式上说，适当组构专栏能使版面富于变化和曲折，有利于增强版面的情趣和美感。精彩的连续性专栏还能养成读者定期阅读的兴趣，使报纸更有吸引力。

总之，不管是同题集中，还是设置专栏，编辑在处理稿件时，要注意的是：组织在一起的稿件需要有相同性和互补性。如果缺少共同性，那么稿件就没有凝聚力；如果缺少互补性，稿件之间相互雷同，那么稿群会显得单调重复。由于专栏的编辑工作非常重要，是一门独立的学科，本书还将于后单独列章详述。

第三节　稿件的配合

稿件的配合是指按照一定要求，决定发表的稿件配发相关稿件。主要是为了解释、补充，以增强稿件的可读性、说服力和感染力。

最常见的稿件配合形式有配评论、配资料、配图片和加编者按语等。

一、配发评论

配发评论的目的在于阐明所发表的新闻稿件的意义，深化其报道的主题，有助于读者正确、全面地理解新闻报道的内容。配发评论一般要依托新闻报道，根据新闻报道的内容，紧扣新闻由头，借题议论。配发评论切忌就事论事，述而不作，或仅仅对新闻内容加以概括，尔后加上“应当提倡”、“必须反对”之类表态性话语了事。评论应当有理念、有见解；同时这个理念、见解应是比较独到的、深刻的，而不是人所共知的、一般化的。这就需要将新闻与现实进行认真的思考和对照，看看哪方面是最重要的，又是为人们忽视的；或者说哪方面最值得阐发，最可能给人以启迪。

例如：2008年5月12日14时28分，四川省汶川地区发生了8级强烈地震。这次地震所造成的伤亡人数和财产损失均为新中国建立以来之“最”。这时，灾区人民和全国人民最需要得到鼓舞，团结一致，艰苦奋斗，重建家园。2008年6月15日，《人民日报》在1版头条消息《四川灾区奋力生产自救》旁，配发了题为《灾难也是大学校》的评论。评论刊出后，全国人民深受鼓舞，倍增要进一步搞好抗震救灾的决心和信心。

评论全文如下：

灾难也是大学校

柳斌杰

人类自古以来就是在同自然灾害斗争中学会生存的，抗灾避难除害的本领也是在同灾难斗争中学习的，每一次大的灾难都会使人类更聪明、更智慧。从这个意义上讲，灾难也是大学校。正如列宁所说过的：特殊情况下一天的学习胜过你平时几年、几十年。

发生在四川汶川的“5·12”特大地震，给中华民族带来了巨大的灾难，顷刻间地动山摇，江河断流，房屋倒塌，生灵伤亡，有数十万群众的生活受到影响……举国哀悼、全球同情、八方支援、共克时艰。在这个特殊的环境下，我们忘不了自己的同胞受伤、受苦、受难的悲惨情景，忘不了全国人民捐钱、捐物、捐血的爱心奉献，忘不了党和国家领导人与灾区人民心连心、同呼吸、共命运的救灾情怀，忘不了政府、军队、人民共赴国难、并肩奋战的同生死、共患难、手牵手、向前进的民族精神，忘不了一线医护人员、新闻记者，还有各种各样的志愿者、外国朋友的真心、真情，真奉献的社会良心……

在掩埋遗体、擦干眼泪、挺起胸膛、冷静回望这个大灾难的时候，人们欣然看到，我们的良心经过了一次生死考验，我们的灵魂得到了一次净化洗礼，我们的精神经受了一次砥砺锤炼，我们以血为代价学会了我们平时学不到的东西：

党学会了临危不乱、快速决策，领导和动员党政军民、东西南北各种力量投入抗震救灾，领导方式大转变；政府学会了科学应急、果断指挥，调集行政资源和物质力量解决一线的实际问题，给人民以信心、力量和希望；军队学会了非战争使命的快速反应、救灾抢险，发挥了组织、集群、忠诚和勇敢的优势，树立了人民军队的光辉形象；人民学会了关爱他人、热爱生命，当灾难毁灭生命和生活之时，人们心心相系、手手相牵，又以过好生命的每一天的信念，战胜世俗，放弃恩怨纷争；受灾群众学会了坚持、坚强、坚定，无论是垂暮老人还是少年儿童，都以非凡的韧性忍受着苦难，垂危的生命坚持着等待希望，伤残的身体坚强着救助别人，震后幸存的心坚定着谋划重建家园，整个人生都改变了。

新闻学会了及时准确、开放透明地报道，学会怎样跟世界打交道，使一切谣言、臆测失去了机会，中国的新闻开放感动了全国人民，震动了国际社会，赢得世界人民对中国的理解和支持。

还有医护人员、公安干警、专业技术人员和救灾人员，所有的志愿者等等。凡是进了灾区的人们，都上了一堂具体的人生观、道德观、价值观的大课，都领悟了自然的不驯和知识的力量。世间还有什么比生命、鲜血、真情、大爱、良知更有真谛意义的东西吗？

“善于向灾难学习的民族是大有希望的民族！”让我们记住哲人的这句话吧，把灾难变成大学校，学会生存，学会生活，学会做人，学会奉献，学会建设，学会创造，把生命融在美好的事业中，为中华民族的伟大复兴建功立业！

这篇评论虽然长了一些，但立意深，有深度，给人启发，给人鼓舞，耐人寻味。它也是谈大地震后如何给人以鼓舞，但不是一般地去谈鼓舞，而是从坏事可变好事的高度去谈鼓舞。读后给人一种豁然开朗、平添干劲的感觉。

二、配发资料

配发资料是编辑在稿件配置中经常使用的配置手段之一。配发资料，即用过去发生的事实和现有的知识及资料，配合相关新闻同时发表，它是对新闻的延伸与扩展，可增强新闻的厚重感。

当重大新闻发生时，人们对事件的前因后果往往有相当大的兴趣和热情。如果新闻报道只关注新闻事件的本身，不涉及或很少涉及其他方面，那么读者就不能完全了解新闻事件全貌。这时就需要配发一些相关的资料。

配发的新闻资料一般有：新闻人物、新闻背景、新闻地理、新闻知识、新闻解释等。

现仅就报纸配发科学知识举例如下：

2008 年 5 月 12 日 14 时 28 分四川汶川发生 8 级大地震的第二天，《云南日报》在科学普及专版中配合该报 1 版刊发的《四川汶川发生强烈地震》的消息，刊登了一篇题为《科学避震　降低损失》的文章，在读者中产生了较好的反响。该篇文章全文如下：

科学避震　降低损失

王云芬　王廷光

探索地震的奥秘

地震是地下岩层受应力作用错动破裂造成的地面震动，它同台风、暴雨、洪水、雷电一样，是一种自然现象。地球上每天都在发生地震，全世界每年大约发生500 万次地震，绝大多数地震因震级小，人感觉不到，有感地震约 5 万多次，造成破坏的地震近千次，7 级以上造成巨大破坏的仅十几次，且大多发生在人烟稀少地区。

据介绍，地震可分为人工地震和天然地震。由人类活动（如开山、开矿、爆破等）引起的叫人工地震，除此之外的便统称为天然地震。天然地震按成因主要可分为构造地震、火山地震、陷落地震、诱发地震四大类。地球上发生次数最多、破坏性最大的地震是构造地震。

省地震局专家为我们解释了震源、震中等与地震相关的名词。专家介绍说，震源是地球内发生地震的地方，震源深度指的是震源垂直向上到地表的距离。通常我们把地震发生在60 公里以内的称为浅源地震，60 ~300 公里为中源地震，300 公里以上为深源地震，目前世界上有记录的最深地震源达720 公里。震源上方正对着的地面称为震中，震中及其附近的区域称为震中区，破坏最重的区域叫极震区。震中到地面上任一点的距离叫震中距。地震时在地球内部出现的弹性波叫做地震波，这就像把石子投入水中，水波会向四周一圈一圈地扩散一样。地震波主要包含纵波和横波，横波是地震时造成建筑物破坏的主要原因。由于纵波在地球内部传播速度大于横波，所以地震时，纵波总是先到达地表，而横波总落后一步。这样，发生较大的地震时，一般人们先感到上下颠簸，过数秒到十几秒后才感到有很强的水平晃动。

短临预报尚属难题

尽管全世界的科技人员为地震预报作了不懈的努力，地震监测手段和仪器进步神速，地震预报研究也有了长足的进步，但目前仍不能对地震作出准确的预报。

地震与地壳运动密不可分。地壳运动在地壳的某些部位造成地应力积聚，当地应力积累到超过当地岩石的剪切强度时，地应力以岩层破裂方式释放即发生地震。当地壳运动积累的地应力在某些地方接近当地的岩石剪切强度时，何时释放则往往取决于有利于触发地震的外力因素。而触发地震的外力及发震机制十分复杂，所以，地震的短临预报相当困难。

地震预报实质就是确定地震能量释放的时段、地点和大小，让社会有转移和避震的时间，最大限度地减少损失。中长期地震预报相对容易把握，它利用地震地质资料等，分析地震构造活动性，预测未来地震危险程度，指导防震减灾工作。我国地震部门的中长期预报能力较强，中期预报的准确率已达到30%，基本上可以满足抗震设防要求管理工作的需要。而短临地震预报还不能达到社会的要求，仍是世界级科学难题。但是，我们可以利用长期地震预报的成果，加强抗震设防要求的管理，提高工程建筑的抗震能力，以减少未来的地震损失。

科学避震有窍门

发生地震时是跑还是躲？我国多数专家认为：地震就近躲避，震后迅速撤离到安全地方，是应急避震较好的办法。

专家介绍说，地震的预警现象、预报时间和避震空间的存在，是人们震时能够自救求生的客观基础。只要掌握一定的避震知识，事先有一定准备，震时又能抓住预警时机，选择正确的避震方式和避震空间，就有生存的希望。

专家建议：地震时如在户外，应就地选择开阔地蹲下或趴下，不要乱跑，不要随便返回室内；避开人多的地方；要避开高大建筑物，如：楼房、高大烟囱、水塔等；避开立交桥等结构复杂的构筑物；避开危险物，高耸或悬挂物，如：变压器、电线杆、路灯、广告牌、吊车等；避开危险场所，如：狭窄街道，危旧房屋、危墙等。

在家里避震的方法有：在楼内应选择小开间、坚固家具旁就地躲藏；在平房则可根据具体情况或选择小开间、坚固家具旁躲藏，或者跑到室外空旷地带。室内避震要保持镇定并迅速关闭电源、燃气。随手抓一个枕头或坐垫护住头部在安全角落躲避；躲避时不要靠近窗边或到阳台上去。

在复杂高大的建筑物下怎样避震？专家建议，不要停留在过街天桥、立交桥的上面或下方，要注意躲开广告牌、街灯、物料堆放处。要躲开建筑物，特别是有玻璃幕墙的高大建筑。

震时如在公共场所，应就地蹲下或趴在排椅下，避开吊灯、电扇等悬挂物，保护好头部；千万不要慌乱拥向出口，要避开人流的拥挤，避免被挤到墙或栅栏处；在商场、书店、地铁等处应选择结实的柜台或柱子边，以及内墙角等处就地蹲下，远离玻璃橱窗或其他危险物品；在行驶的电（汽）车内要抓牢扶手，降低重心，躲在座位附近。

震时如在学校里，则应迅速用书包护住头部抱头、闭眼，躲在各自的课桌下。待地震过后，在老师的指挥下向教室外面转移；如在操场，则可原地不动蹲下，双手保护头部。注意避开高大建筑物或危险物，千万不要回到教室去。

在野外和海边怎样避震？专家说，在野外时要避开山脚、陡崖和陡峭的山坡，以防滚石、山崩、泥石流滑坡等；如在海边则要尽快向远离海岸线的地方转移，以避免地震可能产生的海啸袭击。

三、配发图片

配发图片即配合新闻发表新闻照片或图画。图文配合的形式最常见的是直接为新闻中报道的事实提供照片或图画。还有一种是两者所反映的具体对象不同，但都围绕一个总的主题，或属于相近的题材。这时灵活配发一些图片也便于读者对新闻事实有一个直观的感受，进而有助于他们的理解。

例如：2008 年 5 月 14 日，《人民日报》1 版在《温家宝深情看望受灾群众》的消息报道中，配发了温总理在四川绵阳九州体育馆安慰地震中失去亲人的孩子们的照片。该报道图文并茂，深深地震撼着每一位读者。见下图：

由于图片的配置十分重要，本书将在其后单独列章，进行详细阐述。

四、配发示意图表

示意图表是目前报纸常用的表现手法。其作用是“把抽象的规划具体化，把枯燥的数字形象化，把分散的内容整体化，把平面的文字立体化”。图表往往能让读者一目了然，有时还能得到一种文字表述无法达到的效果。

例如：《羊城晚报》2003 年 12 月 26 日报道的《井喷现场 10 万大疏散》，就在大标题旁边绘制了一张《井喷事故发生地点示意图》，从图中我们可以清晰地看出开县在重庆的位置以及高桥镇在开县的位置。示意图可以使读者对新闻事件发生地所处的地理位置、地理环境等有关背景情况有一个感性的认识，进而加深对新闻的理解。

再如：2008 年 3 月，国务院进行大部制改革受到广大民众的普遍欢迎和好评。请看下图，将国务院改革后所剩的 28 个部门与一些国家现有相关部门数列图表进行比较，更有直观感。

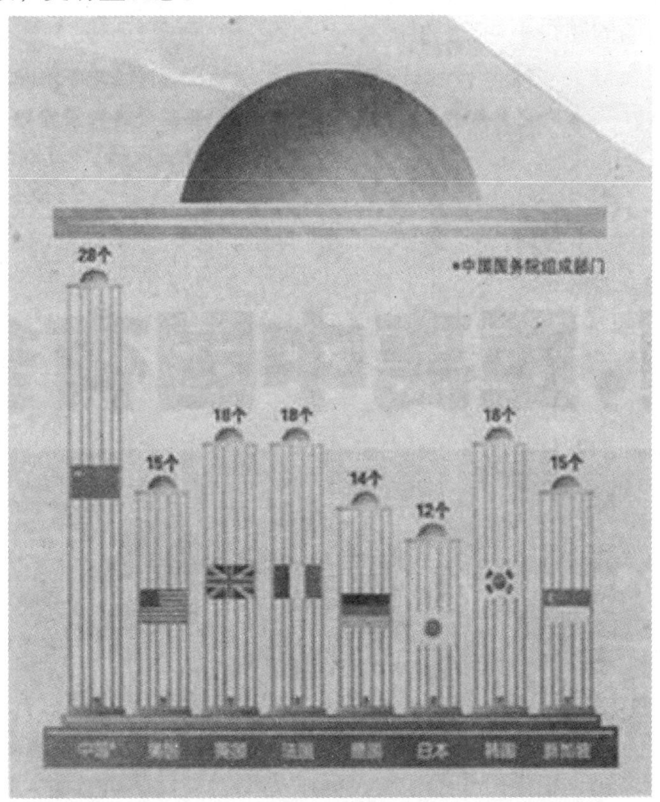

第九章　标题的制作

古人曰："题好一半文。"标题是新闻的眼睛。好版面离不开好新闻，好新闻离不开好标题。从某种意义上讲，标题对新闻有"画龙点睛"和"起死回生"的作用。

第一节　标题的概念

什么叫标题？

最简单、最朴素的说法是：标题是新闻的题目。凡文章都有题目，而新闻的题目则叫标题。

为什么新闻的题目不叫一般的题目，而有一个专有名称呢？这是因为新闻的题目与一般的题目不一样，它有自己的特点和要求，就如同新闻的开头叫导语，与一般文章的开头不同。

我们认真看一下报纸的版面，就会发现标题有如下几点"优势"：

1. 字大，容易引人注意。它比内容更具有吸引读者阅读新闻的吸引力。

2. 位置在内容的前面，是阅读新闻的向导。它具有引导和指导读者阅读新闻的作用。

3. 它是新闻基本内容的浓缩，有提纲挈领的作用。

这些"优势"，就决定了标题的作用、意义和特点。因此，对于标题的概念，我们可作如下比较完整的归纳：

标题是新闻的题目，它高度地概括新闻的基本内容（事实和思想），用以吸引读者、帮助读者和方便读者阅读新闻、理解新闻，被称为"报纸的眼睛"。

第二节　标题的作用

标题有哪些基本作用呢？概括起来，主要有四点：

一、提示新闻内容

浓缩新闻内容，把内容中最主要也是最重要的事实告诉读者，一般是如实地摆出事实。这类标题，通常被称为"实题"。例如：

△党的十七届一中全会在北京举行
△四川汶川发生八级强烈地震
△中央拨700亿重建四川汶川地震灾区

二、评价新闻内容

除了如实地摆出事实之外，编辑在尊重新闻事实的基础上，还常常通过标题作评点，借“题”发挥。比如，用这类标题说明或强调当前党的有关路线、方针、政策，或有关单位对当前各项任务的意图和要求等，可以比较直接地影响和指导当前的实际工作。这部分标题都有观点性，一般称它为“虚题”。例如：

△法律面前　人人平等（引题）
　菏泽地区粮食局局长朱端斌行凶打人被拘留（主题）
△无功授奖非为别 只因老子权倾天（引题）
　勃列日涅夫在克里姆林宫给他儿子授勋（主题）
△人生七十已不稀（引题）
　广州人平均寿命：男：70.6　女：75.6（主题）

以上三例的引题都是虚题。这类标题，实际上起的是评论的作用，代报纸发言。

三、吸引读者阅读新闻

一个好的标题，不但可以向读者提示和评论新闻内容，而且还可以吸引读者阅读新闻内容。例如：

毛主席含笑乘“东风”说：“坐上自己制造的小汽车了。”

以上标题含蓄简练，富有吸引力。如写成“毛主席坐上了东风牌小轿车”，就难免逊色了。

四、组织新闻内容

用一个专栏标题或总标题，把一组主题相同或从不同角度说明一个问题的几篇稿件组织在一起，再揭示或评价其新闻内容。它的主要作用是化零为整。其特点是：或火力集中，或声势浩大，或论述全面，或方向明确。例如：

1. 用一个专栏标题，组织如下四个分散但属于同一主题的稿件。

一方有难　八方支援（专栏题）

△全国各地向四川汶川地震灾区伸出援助之手
△全力保障灾区电力通信畅通
△专家谈震后如何防病

△心理学家支招克服地震恐惧

2. 用一个总标题，组织几个主题相同的分散稿件。

放宽政策　因地制宜　加速绿化（总标题）

△湖北省进行林业商品基地建设

△兰州部队某团创建“百花园”

△围场县抓“三空”促造林

△张家口地区积极准备林木种子

有时候，版面上缺少头条，标题的这种作用就帮了大忙。把几篇稿件集中起来，标上一个总标题，化零为整，头条就“巍然屹立”了。此外，标题还有分类、美化版面的作用和作为阅读新闻的索引作用等。

第三节　标题的基本要求

标题的基本要求有六，即：具体、准确、鲜明、生动、简练、形象。要做好标题，就得熟悉和掌握它们的要求。

一、内容要具体

不具体的标题就不能成其为标题。所谓具体，也和新闻的要求一样，就是首先必须要用事实说话。新闻是用事实说话的，作为新闻派生的，传达新闻基本内容的标题，同样如此。这是标题最起码、最基本的要求，也是标题区别于其他文体题目的主要特征。标题要具体，要用事实说话，这不是什么人的创造发明，而是客观规律的要求。正因为如此，标题才能在所有文体的题目中脱颖而出，自立门户，自成一家，发挥它独特的、不可替代的作用。没有事实就没有标题。

标题要用事实说话的“事实”，应包括三层意思：第一是“事实”，第二是“新闻事实”，第三是“主要新闻事实”。换句话说，标题要用主要的新闻事实说话。理由很简单，因为标题不可能把全部新闻事实标出来，即便是多行标题，也不可能做到。

这些“事实”大体包括哪些具体内容呢？通过学习或许大家已经了解，即七个“什么”（W）：“什么人、什么事、什么话、什么时候、什么地点、什么原因、什么结果”。在标题中用得最多，起主导作用的是“什么人”和“什么事”。这是每一个标题都必须具备的最基本的组成部分，其他五个“什么”，则根据不同情况和要求来使用或强调。例如：

△中共中央政治局常务委员会今日在京召开会议（引题）

（什么人）（什么时间）（什么地点）

全面部署当前四川汶川抗震救灾工作（主题）

（什么事）

△胡锦涛总书记接受日本驻京媒体联合采访（引题）

（什么人）（什么事）

指出即将对日本进行的访问是一次暖春之旅（主题）

（什么话）

△越是独家经营越要自觉维护消费者利益（引题）

（什么原因）

陕西彩色显像管总厂坚持二等品不出厂（主题）

（什么人）（什么事）

上半年显像管合格率又有提高　寿命稳定在一万五千小时以上（副题）

（什么结果）

以上三例中，七个“什么”（W）都有了。

所谓具体，所谓用事实说话，归根结底就是要求标题要给读者提供“新闻”。而新闻首先是事实的、具体的。标题要有“新闻”，这原本是新闻标题的“应有之义”。

二、概括要准确

不准确，标题就失去了意义。准确是指标题要准确地表达新闻内容、传达新闻的精神，能够准确地宣传马列主义、毛泽东思想、邓小平理论、“三个代表”重要思想和科学发展观，宣传党的路线、方针、政策。具体说来，要求做到三个“准确”：

1. 概括事实准确。标题要忠于新闻事实，要“新闻第一、标题第二”。标题所概括的事实，应与新闻事实完全一致，既不能有差异，更不能歪曲或虚构。标题中的事实与新闻内容不符，也叫“失真”，其恶劣影响和新闻中的事实与客观事物不符一样。例如：

△八旬夫妇不堪儿女虐待自缢身亡（主题）

当地群众要求依法制裁有关人员（副题）

对照新闻内容来看，这一对夫妇，夫是八十岁，妇是七十三岁，与八十岁还差七岁。概括起来说“八旬夫妇”，显然是与新闻事实不符的，这就叫不准确。

2. 体现观点准确。标题有评价新闻的作用，但是，这种评价应是准确的、恰如其分的，即既不夸大，也不缩小。当然，更不能把编辑自己的意志，强加于标题。如果我们发现标题中的观点与新闻内容不符，我们即可认为这个标题“失真”。例如：

△一比一逼和上届亚洲杯冠军（引题）

中国队首战告捷（主题）

对照新闻内容来看，中国足球队是一比一逼和韩国队，但一比一只是打平，并不算告捷，故不准确。

3. 遣词造句准确。要求编辑在制作标题时，遣词造句也要准确。要善于最恰当地、最妥帖地表达新闻内容，不造成歧义，也不让读者产生误解。例如：

△北京游泳队与上海队比赛传捷报

这一标题，至少可作两种理解：一是北京游泳队传捷报；二是北京和上海两个队都传捷报。显然，这是遣词造句不妥而造成的不准确。

三、观点要鲜明

标题要有鲜明的倾向性，要明白地表达立场和观点，要爱憎分明，褒贬分明、是非分明、好恶分明，不能含糊其辞、模棱两可。例如：

△山河同悲　举国哀悼（引题）

全国各地深切悼念四川汶川大地震罹难同胞（主题）

△ 5 月 12 日发生的汶川大地震，紧紧牵动着昆明 600 万各族儿女的心。仅一周时间，社会各界就募捐爱心款 157 万元（引题）

爱心涌动春城（主题）

△ 两千四百尺棉绸丢在路上　各方推诿拒不认领（引题）

对国家财产的责任心何在?（主题）

这三例标题，观点都是十分鲜明的。编辑从新闻事实出发，批评尖锐泼辣、充满感情。像这样的标题，更容易打动读者的心，取得良好的宣传效果。

观点不鲜明的例子有：

△跑遍各山头　画出三张图（引题）

西山区搞调查研究因地制宜制定农田基建规划（主题）

“跑遍各山头　画出三张图”，究竟是多？是少？是好？是坏？应该说，从这个标题上，我们看不出编辑鲜明的倾向性。

标题是以新闻事实为基础和依据的。因此，除强调鲜明外，一定要注意用事实来说话，要善于通过用新闻事实来表达鲜明的立场、观点。鲜明，不是编辑人员自己站出来“自吹自擂”。当然更不能谩骂，如有些标题，说“×在狂吠”，“×灭绝人性”等，都是不足取、不足效仿的。这已是“人身攻击”了。

标题在强调鲜明时，必须要注意另一面，即防止主观片面性，说过头话，说昏头话。因为真理跨出一步，就要变成谬论。例如：

△不让一只蚊子过冬

△一定要从洋人脑袋上跨过去

上述两例，一是做不到，二是没必要。

标题，在大多数情况下，都应强调旗帜鲜明，但在有些情况下，却要求含蓄。除了美学上的要求外，含蓄的标题通常产生在这样的情况下：

客观事物刚刚发生，性质还未最后肯定，或者一下子难以肯定，尚需有一段时间来了解，而报纸根据需要，又非得作适当的报道不可。这样，标题一般都比较客观、含蓄，如实地反映事物变化的现状，以静观事变，再作进一步的提示或评价。如对一些国家的政变和一触即发的战争等，我们的报纸就常常采用这样的表达形式和手法，一般只说事实，暂不加评点。这是符合马克思主义认识论原理的，也是实事求是的态度。

从以上所列举的标题中，我们可以感觉到，怎样制作新闻的标题，表明什么样的立场、观点等都是很讲究学问的。它既需要编辑有胆识，又需要编辑付出艰苦的脑力劳动。

四、表述要生动

即要求标题努力做到：具体形象、生动活泼、通俗易懂，而且朗朗上口，使读者一看之后，产生继续阅读的兴趣。

标题要生动，除了新闻内容本身要生动外，还得借助和掌握各种表现手法来制作标题。其表现手法主要有：讲究对仗、巧用成语、借助修辞、填诗填词等。例如：

△ 5 月 19 日，为汶川大地震死难同胞祈福（引题）

用烛光筑起中国新的精神长城（主题）

该标题用拟物的表现手法，很好地表达了国人在烛光祈福中期盼中华美德回归的美好愿望。

△今天汶川是我们每个人的名字

该标题用大胆、精准、形象、生动、深刻的比喻，表达了全国人民与灾区人民心同在、情同在的美好情怀。

△圣火映红珠峰祥云

该标题所用“映红”、“祥云”两词，形象、生动、深刻，向世界昭示：2008 奥运圣火攀登珠峰成功！

五、文字要简练

标题由于受报纸版面的限制，必须简明扼要、短小精悍、言简意赅、以少胜多，让读者在一瞥之间，即能了解和感受全部内容。

例如：

△未入洞房 先进班房（引题）

石俊为结婚摆阔气伙同弟弟四处盗窃（主题）

父亲帮助销赃　三人均被逮捕（副题）

这个标题的引题，十分简练，只用八个字，就概括了一出悲剧。

△日本投降了！

只五个字，更是言简意赅，它充分表达了当时全国人民的共同期盼。

标题要求简练，但不能简陋、简单化。例如：

△信息　反馈

读者会感到一头雾水，不知道讲的是什么内容。

△ 空军奖励知识分子

说得不准确，应是奖励“优秀知识分子”。

△ 世界“知识爆炸”　论文一天八千

一般至少应在“八千”后，写清楚是“字”还是“篇”。

六、整体要形象

形象性强的标题，读者容易记住。善于制作好标题的高手，常常在塑造好标题的整体形象上下工夫。例如：

△2008 年 5 月 19 日 14 时 28 分

为汶川大地震中的死难同胞默哀（引题）

国之殇　国之悲　（主题）

△一场民生的开年大考（主题）

——云南省抗冰雪保民生纪实（副题）

△蒙冤的饺子

△你的思想毕业了吗?（主题）

——北京理工大学开展“德育答辩”工作纪实（副题）

具体、准确、生动、鲜明、简练、形象，虽是制作标题的六个基本要求，但并不是说每一个标题都要六者兼备。一般来说，所有标题都必须具体、准确。具体是基础，准确是生命。在此基础上，再力求鲜明、生动、简练、形象。

第四节　标题的种类

从形式上分，标题主要有六种：

一、主　题

主题是指主要的题目、最大的题目。稿件内容的精华之所在，常用于概括新闻中最主要的事实和思想。在形式上，它是整个标题中地位最突出、字号最大的标题。例如：

△十一届全国人大一次会议举行记者招待会（引题）

温家宝总理回答中外记者问（主题）

主题可实可虚，但在只有一行题的情况下，它必须是实题或虚实结合题。否则，它与一般评论文章的题目就没有什么区别了。下面两则就是只有一行题时，是虚题的例子：

△这样开会好

△你追我赶争上游

由于主题在标题中起着主要角色的作用，因此，它应是一个独立的句子。在一行题中必须如此，在多行题中力求做到如此，表达一个完整的概念和意思。

主题通常只有一行，但在有些情况下，比如在主题需要同时表达两个同等重要的概念和意思，或者一行题太长需要排列成两行时（前者从内容上分，后者从形式上分），则有“双主题”和“双行主题”之分。

下面两例，前一例是“双主题”，后一例是“双行主题”：

△美国总统布什昨天到达北京

我政府举行仪式隆重欢迎

△胡锦涛　江泽民　吴邦国　温家宝　贾庆林

李长春　习近平　李克强　贺国强　周永康

深切哀悼四川汶川大地震遇难同胞

在特殊情况下，还有“三主题”，不能省略为“双主题”。例如：

△洛阳钢厂党委加强思想教育工作

领导干部发挥表率作用

共产党员发挥先锋作用

职工群众发挥主人公作用（主题）

干部群众精神面貌一新，去年扭转连续十四年亏损局面（副题）

上述例子标示三个“作用”，三个是缺一不可的。主题是标题中的主要题目，需要尽快地吸引读者、抓住读者、影响读者。因此字数尽可能要少，一般以十个字左右为宜，能让读者在“一瞥之下”即“尽收眼底”。太长了，难解，看起来也不方便；太短了，意思表达不清楚，排列起来形式也不太好看。

二、引　题

引题也叫肩题、眉题，是主题的辅助题。

它在主题之前，是主题的“先行官”、“引导者”。它的作用一般有六个：

1. 交代背景：为主题说明时间、空间等方面的背景情况。例如：

△杰出的京剧表演艺术家（引题）

尚小云追悼会在京举行（主题）

2. 烘托气氛：为主题作形象生动的衬托和渲染。例如：

△澜沧江两岸锣鼓喧天彩旗飞扬（引题）

傣家儿女欢度一年一度泼水节　（主题）

3. 揭示意义：为主题“点睛”，揭示其所包含的作用和意义。例如：

△我国航天技术又一新成就（引题）

嫦娥一号绕月飞行卫星发射成功（主题）

4. 提出问题：为主题提出问题，让主题作答。例如：

△我国普通高等教育形势如何？（引题）

成绩突出问题很多　亟待加强和改革（主题）

5. 说明原因：为主题说明原因或目的。例如：

△不让亏损企业领导干部易地做官（引题）

丹东市政府令出必行　程翔云调回原厂免职（主题）

6. 长句短化：为主题作“简化”，便于把最主要的内容突出出来。例如：

△养猪专业户唐水官夫妇（引题）

九个月卖给国家生猪六百头（主题）

引题虽然不及主题重要，但它位于主题之前。就它给读者的第一印象来说，和作为主题的“引导者”和“先行官”来说，都是十分重要的，因此它的标题字号，一般都大于副题，小于主题。

由于引题位于标题的最前列，同样具有主题那样的需要尽快地吸引读者、抓住读者、打动读者、影响读者的作用，因此，字数也不宜过多。通常情况下，它的字数与主题相仿，也可以长些，但短于副题。

三、副　题

副题也叫子题、辅题，是主题的辅助题。其位于主题之后，是主题的“后勤部队”，常用以补充交代次重要新闻事实，补充主题的不足。

副题的作用，一般有三个：

1. 补充主题新闻事实的不足。新闻中有两个以上的重要事实，主题只能标其中最重要的一个，一些次重要的事实，就由副题来补足。例如：

△刘翔获“好运北京”110米栏赛冠军（主题）

史东鹏获该项比赛亚军（副题）

2. 补虚主题的不足。主题是虚的，副题就为之补充新闻事实，为虚主题提供立足的“物质基础”。例如：

△严厉打击刑事犯罪显威力（主题）

全国收到四十四万件揭发材料

三万一千多犯罪分子投案自首（副题）

3. 补实主题的不足。主题是实的，但比较概括，需要副题为之充实或作解释。例如：

△昆明投70亿元解堵（主题）

建造5个长途客运站　再添5条公交专用线　4单位将搬出核心区（副题）

△云南省经协工作成绩斐然（主题）

内外结合拓宽工作舞台活动空间

组织参与市场建设向更高层次推进

发挥自身优势扶持县乡企业发展

交往增多各类驻昆机构已达2 231家（副题）

由于副题是“后勤部队”，内容比较多且具体，文字一般也较多。从十几个字、几十个字，甚至到百把个字均可。

副题担负着补充次重要新闻事实的责任。有时要补充交代的次重要新闻事实很多，因此，除了字数较多外，常常还有多行副题出现。有时甚至有三四个副题的情况。

引题、主题、副题是标题的三个基本题种。三者合用时，就是一个“系列题”。通常用于重大或者比较重大的新闻中，因此不要轻易使用，更不要滥用。否则，就等于大题小用，好似杀鸡用了牛刀，削弱了这种系列题的威力。

这三个基本题种，在系列题中的相互关系和作用是：主题是主角，引题和副题是配角，都是为主题服务的；引题在主题之前服务，副题在主题之后服务。

在引、主、副题齐全的多行标题中，引题和副题常作适当的分工。通常情况是，引题主虚，副题主实。例如：

△高举中国特色社会主义伟大旗帜

为夺取全面建设小康社会新胜利而努力奋斗（引题）

中国共产党第十七次全国代表大会在京隆重开幕（主题）

胡锦涛代表第十六届中央委员会向大会作报告（副题）

这三个基本题种一经组合，就是一个统一体，像一篇文章的三个有机组成部分。因此，要注意彼此的逻辑关系。引题、主题和副题三者要前后连贯，一脉相承。

四、分　题

分题也叫插题，是放置在长新闻中的小标题。它概括地提示某一段落的内容，一般都是实题，帮助和便利读者阅读新闻，补主标题鞭长莫及的不足。同时，还可以美化版面，破除长文章的冗长、沉闷的缺憾。分题，实际上是每个段落的主题，或叫小主题。例如：2008 年 5 月 22 日《云南日报》在第 5 版上刊登了一篇云南地震灾区人民支援四川地震灾区人民的长篇通讯。通讯拥有 4 000 多字，编者在其中加了 3 个小标题。其大标题和小标题分别是：

△大标题：尽己所能　付出所有

——云南灾区无数平凡人的不平凡故事

小标题："钱虽不多，但他付出了所有"

"我要去救援，不去对不起自己的心"

"我们的生活还好，大家放心……"

加了三个小标题之后，篇幅很长的文章也不会觉得冗长了，而且显得有条理。

做分题时，在不影响新闻思想、内容的情况下，每个题目所管辖的文字数量不要过多，标题的字数也不要相差太大，使段落之间、分题之间大致保持平衡，这对版面的美化很有好处。

五、提要题

提要题也叫提示题或纲要题。它提纲挈领地概括新闻中的主要新闻事实、做法、经验、问题，是比较详尽和全面的内容介绍。它有时近乎副标题，有时又近乎编者按。一般都用在比较重要、比较长的新闻中，而主题往往又是比较概括的时候。例如：

△"爱的奉献"抗震救灾大型募捐活动引起强烈反响（引题）

胡锦涛给予热情鼓励并发出号召（主题）

我们心连心，同呼吸，共命运，就没有克服不了的困难。胜利属于英雄的中国人民。(提要题)

提要题在字数较长的文章中用得也比较多，并常常辅以边框做装饰，以示题目。例如：

△ 吉布提因地制宜发展国民经济（主题）

吉布提人口仅 35 万。国土多为贫乏的荒野或沙漠，工农业落后。食品、服装全靠进口。针对这一状况，政府发展以吉布提港为中心的城市经济，因地制宜发展"服务性"国民经济，取得了可喜成果。(提要题)

六、大标题

大标题又叫横幅、刊头、牌子、口号等，它可以是新闻内容的概括或摘录，也可以不受新闻事实的约束，而是语录或口号。例如：

△汽笛长鸣　国旗低垂　山河呜咽　举国同悲

△抗震救灾　众志成城

△任何困难都难不倒英雄的中国人民

△中国加油！四川加油！

△举全国之力　助灾区重建

△同一个世界　同一个梦想

大标题常提出带有方针性、方向性的问题。其指导性和鼓励性都很强，运用时要十分慎重，不要乱提口号，更不要滥用。

第五节　实题和虚题

新闻标题就其性质来分，又可分为实题和虚题两种。

实题和虚题都植根于新闻，以新闻为根据，但二者表现的重点则不一样，表现的方法也不同，因而其功用也不完全相同。

实题采用的是叙事的方式，着重表现的是新闻当中的人的动作、事件等。虚题采用的是说理的方式，它不是叙述新闻事件本身，而是对事实进行抽象的概括，着重表现事实中所蕴涵的道理、意义，或由新闻引发出来的议论、愿望等。例如：

△真情融雪迎新春（主题）

——胡锦涛总书记春节到广西桂林考察抗灾救灾工作纪实（副题）

这个标题的主题是一个虚题，副题是一个实题。副题写的是胡锦涛总书记2008年春节前夕到桂林考察抗雪灾迎新春事件本身，突出的是纪实中的人物（胡锦涛总书记）和事（考察抗灾救灾工作），具有独特性。而主题则是对事实的抽象概括，突出了胡锦涛总书记考察灾区的精神实质，充分表现了中央领导对灾区人民的关怀和支持。

实题和虚题因表现重点和表现方式不同，其功用也不完全相同。实题的功用主要在于告知，即向读者报告发生了什么；而虚题的功用主要在于劝服，即要读者接受一种思想或观点。当然，两者也未截然分开。告知并不是纯客观地介绍，告知中本身就包含有思想和观点，具有劝服的因素，但这种观点和思想并不是直接地表现出来，而是隐含于事实之中。劝服也没有离开事实，它是以事实为根据，而不是直接报告事实。

就一个标题来说，实题和虚题的结合形式主要有这样几种：引题虚，主题实；引题实，主题虚；主题虚，副题实。也就是说，引题和主题可以分别是实题或虚题，而副题一定只能是实题。例如：

1. 主题是虚题，副题是实题：

△帮打工仔度断乳期（主题）

共青团丽江市委劳务输出服务中心点引线穿针（副题）

2. 引题是虚题，主题是实题：

△解人危难　乐在其中（引题）

周俊清为人治病分文不取（主题）

3. 引题是实题，主题是虚题：

△宣威老板传奇之一（引题）

“我拿激情赌明天”（主题）

一个标题的引题、主题、副题如果都是实题，那么这个标题就是全实题；如果主题是实题，引题是虚题，那么这个标题就是主实题；如果主题是虚题，而引题和副题是实题，这个标题就是主虚题。但是标题的引题、主题、副题不能都是虚题，即标题不应该是全虚题。因为新闻标题要提示新闻内容，虚题不可能承担这项任务。

就报纸的总体来说，标题应以全实题、主实题为主。首先，因为读者看标题是要了解新闻中的事实，全实题和主实题与读者的阅读心理比较一致，能够激起读者阅读新闻的兴趣。其次，虚题是抽象的、概括的，而实题是具体的、生动的，虚题太多，报纸就会显得轻浮、不实在。此外，实题可以独立存在，而虚题则要与实题结合才能存在。因此，采用了虚题，标题的结构就必然复杂起来了。

就具体一个标题来说，到底是采用全实题、主实题，还是采用主虚题？要根据新闻内容和当时的客观环境的具体情况来决定。一般说来，事实本身很重要，比如是重大事件，是广大读者关注的事实，就要采用全实题或主实题；如果事实相对来说并不很重要，但可以从一个角度说明一项政策、一个道理，对当前社会具有指导意义，就可采用主虚题。

以下是主标题采用虚题的情况。

1. 在新闻事实具有普遍意义，需要大张旗鼓地为其宣传的情况下。例如：

△点燃奥运激情　传递人类梦想（主题虚题）

象征和平友谊希望的奥运圣火昨抵京（副题实题）

2. 在突发灾难性事件，需要为其鼓励和支持的情况下。例如：

△悲痛生长坚强　信念凝聚力量（主题虚题）

四川汶川地震灾区人民加油！中国加油！（副题实题）

3. 在新闻事实具有多向性，需要引导群众抓住其关键的情况下。例如：

△改革体制昆明一饮食店出现新气象（主题虚题）

×混世经理被免职（副题实题）

4. 在事实十分突出，问题很严重，需要顺应表达群众情绪和意愿的情况下。例如：

△对官僚主义岂能容忍（主题虚题）

×被依法判刑十年（副题实题）

5. 对国内外重大事件，必须表达党的主张、政府的立场、人民的意愿的情况下。例如：

△美国某议员信口雌黄（主题虚题）

竟为西藏农奴制辩护（副题实题）

虚题制作中要注意的几个问题：

1. 虚题讲的是道理，但需言之成理。既要符合科学、常理、马列主义原则，又要比喻贴切。

比喻不贴切的虚题例子有：

△阿瓦人想开大寨田像想婆娘一样

2. 既要对新闻内容进行抽象概括，又要保持个性。

这样的例子有：

△久病床前有孝子

△法律面前　人人平等

△拾金不昧风格高

第六节　标题与新闻文体

报纸上的新闻文体，种类很多，我们在上面已经作过介绍。这些文体，既是新闻一族，又各有特色。我们怎样为它们制作标题呢？

在制作各类新闻标题时，应着重考虑两点：

（1）“异中之同”（共性）；

（2）“同中之异”（个性）。如果用公式来表达那就是：

共性 + 个性 = 各类新闻文体标题

（新闻标题）（这一个新闻标题）

如果我们记住了这个公式，把握住了要领，那么，制作各类新闻文体的标题，就不难了。下面各类标题分别作说明。

一、消息类

消息主要是简明扼要地叙述新闻事实的文体。它的标题要表现出消息特有的

“简明扼要地叙述新闻事实”的特性。这样，把“共性”和“个性”结合起来，具有这类文体特征的标题也就制作出来了。例如：

△四川的北京奥运火炬传递在8月进行

△4月7日，民航局初步调查认定东航云南分公司航班“集体返航”涉嫌人为因素

以上是动态消息的标题。

消息的家庭成员众多，在大同中也有小异。因此，又要根据上述要领，再“同中求异”。例如：

△云南各州市纷纷开展植树活动

△一些国家政党领导人对我国四川汶川发生强烈地震表示慰问

以上是综合消息的标题。

△埋没人才　人财两空　重视人才　人财皆来（引题）

温江地区起用各业人才发展农村经济（主题）

以上是经验消息的标题。

△中国足球队教练赞赏科威特队的精湛球艺（引题）

中国队现在还不是祝捷的时候（主题）

要想对方长处　要想自身不足　要不断提高战斗力（副题）

以上是评述性消息的标题。

△新华社授权公告

△国务院公告

以上是公告消息的标题。

二、通讯类

通讯主要是比较详尽地、形象生动地描述新闻事实的文体。它的标题就要表现出通讯特有的比较详尽地、形象生动地描述新闻事实的特性。这样，把“共性”和“个性”结合起来，具有这类特色的标题也就出来了。例如：

△书记亲自动手

△搬离宿舍之前

以上是小故事的标题。

△长跑王（主题）

——记云南优秀长跑运动员张国伟（副题）

△竟开在千里彝山上的马缨花（主题）

——云南大学赴楚雄州支教教师剪影（副题）

以上是人物通讯的标题。

△笑一笑　十年少（主题）

——访人大代表侯宝林（副题）

△呵护碧水蓝天（主题）

——和自兴热议“生态文明建设”（副题）

以上是人物访问记的标题。

△“马加爵案件”侦破记

△都江堰、北川、汶川……救援人员争分夺秒，在震区的废墟上与死神赛跑（引题）

目击生命争夺战（主题）

以上是事件通讯的标题。

△186 小时，活着出来！（主题）

△冰雪中，我们传递温暖（主题）

以上是风貌通讯的标题。

△成功的演出　愉快的聚会（主题）

——缅甸国家艺术团访昆演出侧记（副题）

△**学英雄精神　走英雄道路（主题）**

——云南大学部分学生座谈学习和贵华事迹侧记（副题）

以上是侧记的标题。

△云南第一路（主题）

——昆石公路巡礼（副题）

△雄伟壮观　功能多样（主题）

——云南大学新建逸夫楼（图书馆）巡礼（副题）

以上是巡礼的标题。

△吉鑫旗舰　奔向海洋（主题）

——云南吉鑫集团发展文化产业纪实（副题）

△“在情感上真正做了一次士兵”（主题）

——云南大学艺术团赴 35547 部队慰问纪实（副题）

以上是纪实的标题。

△“上帝之手”又来了（主题）

△老板村官，能走多远？（主题）

以上是问题通讯的标题。

第七节　标题的排列与美化

一、标题的排列

标题在报纸版面上的排列类型有两种：一是标题自身的排列；二是标题与文字的配合排列。

（一）标题自身的排列形式

标题自身排列的基本形式有两种：横题与直题。横题和直题都有单行和多行之分。单行十分简单：横题就是一横，直题就是一竖。多行题比较复杂些，它的基本形式有两种：平列式、斜列式。

如果一组标题中既要有横题，又有直题，那么，结构就更复杂些，花样也就更多些。

（二）题文配合的排列形式

题文配合的排列形式，有两种含义。

一是指标题与文字横排和直排的配合关系，它的基本形式有四种：

1. 横题横文：即标题和文字都是横排的。
2. 直题横文：标题是直排的，文字是横排的。
3. 横题直文：标题是横排的，文字是直排的。
4. 直题直文：即标题和文字都是直排的。

以上四例图形如下：

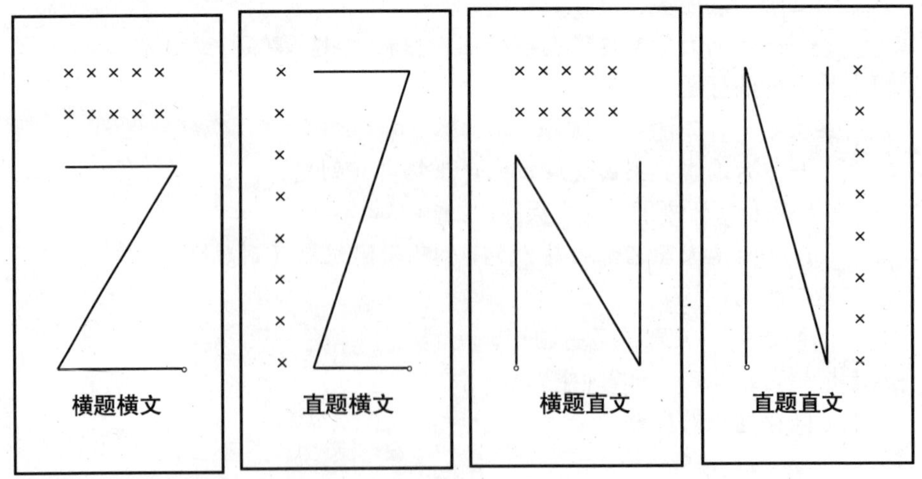

二是指标题与文字在各个方位的配合关系，它的基本形式有五种：

1. 盖文题。

这是报纸上用得最多的一种题式，即是让标题从上而下地全部“覆盖”住新闻文字（指横排报纸）。这种题式的优点是：标题的地位和作用十分鲜明突出，大有“泰山压顶”之势。读者阅读新闻也十分方便。标题的下方即是新闻文字。

2. 偏盖文题。

偏盖文题又叫串文题。这是从盖文题派生出来的一种“大同”而又“小异”的题式。“大同”，指它同样从上而下地“覆盖”新闻文字；“小异”，指它不“全部”覆盖，而是“大部分”覆盖（大体相当于2/3）。这种题式的优点是：运用比较灵活，内容文字“拐弯”方便，在版面编排上有助于避开“碰题”。

偏盖文题的正规题式，应该是“前盖后不盖”，即“盖”在内容文字的前面“大部分”，使它同样起到正盖文题的作用。同时，“后不盖”的“小部分”，又有它自身运用灵活的特点。目前，有些报纸的偏盖文题的题式却与此相反，是“前不盖后盖”。这样，常常给读者造成不方便，读者在阅读之前要找寻内容文字的开头究竟在哪里。

3. 元宝题。

这是一种形象化的说法。意思是，这种题文排列组合的形式，就像一只“元宝”：两头翘起，中间凹下。凹下去的部分，就是标题的所在地，这种题也属盖文题，但不全盖，它也不同于一般的偏盖文题，不是“前盖后不盖”，而是前后都有对等的一小部分不盖。这种题式，对新闻、通讯、评论和一般文章的题文排列组合都是适合的。它的优点是：居于内容文字上方正中凹下去部位及凸出的两小部分文字相等，给读者以醒目、稳健的感觉。在版面上可起避开“碰题”的作用。这种题式，要求新闻文字的排列组合也讲究对等和对称。

4. 中心题。

这是标题处在新闻文字正中的一种题式（也叫文包题），要求不偏不倚，标题刚巧落在内容文字的正中，故称中心题。这种题式的优点是：新颖、美观。题虽不盖文，但因处在文字中心，仍然十分鲜明突出。

中心题这种题式，既整齐又美观，因此常用于通讯、评论等重要或重大的文体上，取其严肃而又活泼的长处。

这种题式，美编画版时十分费时、费力。因此，一般不随便运用。

5. 头脚题。

又称上下题。它通常用在两篇以上稿件组合而成的专栏、辟栏中。一般是在文前标一道题，在文后也标一道题。常常上下、左右交叉对称，连标题字数的多少也相同。这种题式的优点是：由于是两个字数相对的标题交叉对称排列组合的，因此十分新鲜而具有图案美。由于它有组合稿件的作用，常常使一些分散的稿件“化零为整”，得到合理的安排。

以上五种基本形式，在报纸版面上综合交叉运用，构成了报纸版面题文关系的多样性与生动性。

以上五种题型图例如下：

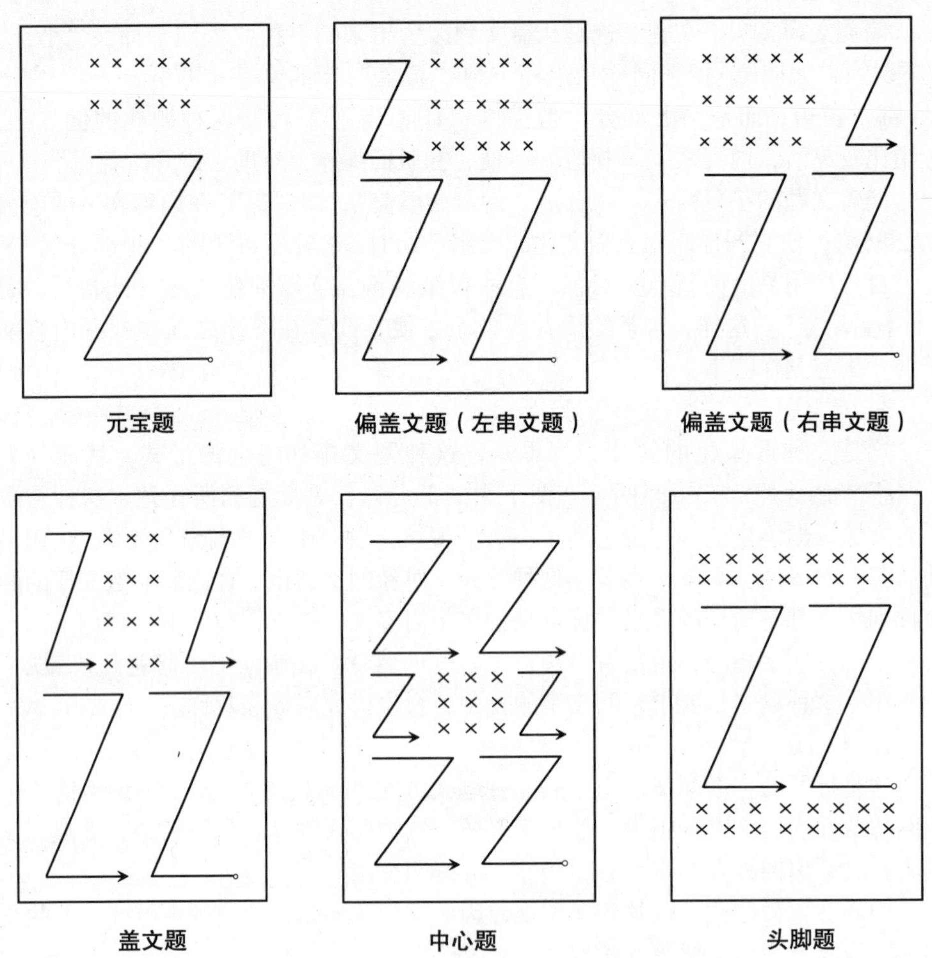

元宝题　偏盖文题（左串文题）　偏盖文题（右串文题）

盖文题　中心题　头脚题

（三）标题的创新和存在的问题

标题的题式不是一成不变的，它仍在不断地发展变化着，我们不能墨守成规，故步自封，而应该勇于探索，勇于创新。但是，这种探索与创新，应从实际出发，以有利于标题作用的充分发挥，有利于读者方便地阅读。目前，有些报纸上出现了的一些新型题式，是值得参考的。例如：

1. 尾题式。

即把标题置于新闻文字的结尾，不是“题盖文”，而是“文盖题”。这种题式，虽然看起来比较新颖，但要读者看完内容文字后再来看标题，这已经失去了标题的最主要的意义和作用。但它在美化排版和避免“碰题”上是有积极作用的。

2. “拦腰”式。

即把新闻文字拦腰斩断，然后把标题安插在其中。这种题式，把内容文字上下完全隔开，看完上半部分内容文字后，要跨越标题才能接着看到下半部分的内容文字。有时候，下半部分内容文字开头刚巧是另起一段，那还会让读者误认为标题下面即是另一篇文章的开头，而漏读了上半部分的内容文字。因此，这种题式常常会给读者造成不便，要慎用。

3. “插队落户”式。

这种题式的排列组合非常随便，只要编辑自认为标题可安放在什么地方，就可任意安放在什么地方，到处可“插队落户”。这种排列组合，当然比较自由，但它一般因无规律可循，编排时比较困难。但若编排得好，可起到出其不意，大气磅礴的效果。一些文化生活类报纸常常采用这种题式。

前三种题式图例如下：

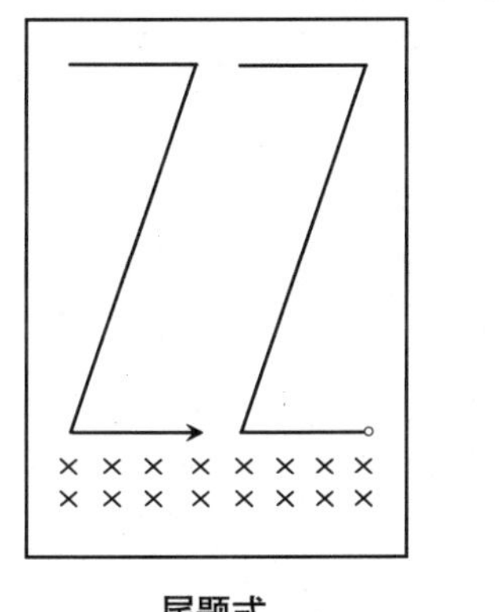

尾题式

“拦腰”式

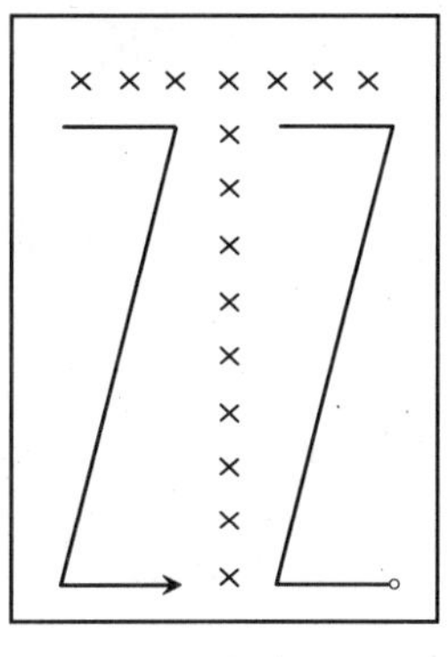

“插队落户”式

二、标题的美化

标题的美化是版面的美化不可缺少的重要组成部分。

标题的美化有四种方法：一是尽可能用大号的标题字，且多变体；二是进行美术加工，由美编画题图、插图、尾花、刊头等；三是将标题套色；四是多用花线。

花线的作用有五个：

（1）突出作用；（2）分隔作用；（3）结合作用；（4）表情作用；（5）美化作用。

第八节　标题的制作艺术

标题的制作是一门艺术。好的标题皆充满了艺术性。读者看标题，有时实际上是在分享标题的美。下面将对制作标题时经常使用的几种艺术手法一一加以说明。

一、巧用动词

巧用动词可以彰显动态，因为运动着的事物比静止的事物更能吸引人的目光。例如：

△你也走　我也走　进进出出都摇头

你不修　我不修　来来去去踢皮球（引题）

福田区益田村与福田花园之间有条无名路变成了扯皮路（主题）

标题中连用了“走”、“进”、“出”、“摇头”、“修”、“来”、“去”、“踢”几个动词，使标题具有动态感及起伏感。

二、渲染意境

中国古典文学一贯重视意境，追求“象外之象”、“韵外之致”，通过有限的现实空间达到无限的想象空间，从而使情与景、意与境交融。

在制作标题时，可借鉴古典诗词名句，使新闻标题具有意境美。例如：

△知否，知否，绿肥红瘦（引题）

连绵阴雨使杭州名花展上部分花卉受损（主题）

三、戏剧效应

在制作标题时，可以采用适当手法将新闻内容中的误会、冲突彰显出来，也可以通过设置悬念的手法使新闻标题富有戏剧效果，使读者从标题中看到富有戏剧性的场面。例如：

△嫖妓丧命反成因公殉职

四、大众化语言

通俗化、大众化是新闻标题发展的一个方向。新闻标题如果采用一些人们熟悉的俗语、警句或传唱的流行歌曲的歌词的话，无疑会拉近与读者的心理距离。例如：

△新娘接新郎　乐坏丈母娘

五、活化标题

对于一些标题，可以采用为其增加色彩、声音和温度的方法使其给人的感觉更形象生动、真实可感。例如：

△枪声稀　雨声急　多国首脑聚埃及

六、使用符号

在新闻标题中，有时用一些非语言性的符号可以比使用文字更醒目、更凝练。非语言符号和文字相映成趣，使标题看起来一目了然，很容易因其形式上的特异性而吸引读者的目光。例如：

△著名经济学家厉以宁谈（引题）
人文精神 + 科技背景 = 中国 MBA（主题）

七、巧用数字

把新闻中的主要数字显现在标题中，能够提高新闻的价值，给人留下深刻的印象。例如：

△柳钢锐意改革　扬眉吐气（主题）
改革前 19 年：亏损 1.83 亿元
改革后 7 年：盈利 1.9 亿元（副题）

八、修辞手法

使用修辞手法制作标题，往往可以使标题看起来生动活泼，富有形象化，同时也更具有表现力和吸引力，使标题在传情达意上恰到好处。

（一）比　喻

使用现实生活中具体的、浅显的，为人们熟知的事物去说明和描写那些抽象的、深奥的或是为人们生疏的内容，就是比喻的方法。常见的比喻种类有明喻、暗喻、借喻。例如：

△特区兴建初期，由于对其发展规律估计不足，致使空间构筑与道路建设形成了这样一种明显的反差（引题）：
楼如威猛小伙子
路像小脚老太太（主题）

该标题是明喻，其形式是：甲如乙，甲是本体，乙是喻体；比喻词是“如”、“像”。

（二）比　拟

就是把人当做物、把物当做人或把甲物当做乙物来描写。这种修饰手法可以抒发强烈的感情，给人一种鲜明的印象和具体的感受。例如：

△绿地集团牵手韩国最大零售商

是拟人手法，即把绿地集团当做人去写，使用了“牵手”等人性化的动词。

（三）借　代

借代是一种不直接说出人或者事物的名称，而是用一个跟它有密切关系的名称或事物来代替。例如：

△铿锵玫瑰解散还乡

铿锵玫瑰在这里代指中国女足。

（四）引　用

将现代的诗词、成语等运用到标题中，用来叙事、抒情或议论，使标题更加简练、生动，富有文采和感染力。例如：

△映日荷花别样红（主题）

——评豫剧现代戏《香魂女》（副题）

（五）双　关

双关是指利用语音的相同、相近或语义的多指向性功能，有意使一个语句兼有两种意思，形成言在此而意在彼的表达效果。双关在新闻标题中的运用，可以使语言的表达含蓄、曲折、得体，发人深省。例如：

△做工受伤 找老板要医疗费无果 丢了工作 又遭一车人莫名殴打（引题）

5位农民工“很受伤”（主题）

这里的农民工“很受伤”，看似是身体上的伤，实则是精神上的伤，是需要读者去领会的。

（六）仿　词

仿词是指在现存词语的对照下，为了表达的需要，更换词中的某个词或词素，临时仿造出词语来，表达新的意思。例如：

△重赏之下　必有懦夫

（七）排　比

就是把三个或三个以上的结构相似的词句排在一起，表达同一性质或同一范围的内容。这种方法可以使标题显得整齐有力、气势贯通。例如：

△坚定信念　勇担责任　团结进取　加强修养　奋发成才（引题）

北京大学推出新世纪修身行动（主题）

（八）反　问

反问是用疑问的形式表达确定的内容，不需要回答，答案寓于问话中。在新闻标题中用反问，可以加强语气，强调新闻内容，增强表达的力度。反问的运用还可以使新闻的主题更加深入人心。例如：

△图书定价有没有谱?

（九）对　偶

在新闻标题中运用对偶，可以使新闻标题整齐匀称、声韵和谐，能增强语言的整齐美、节奏美。例如：

△“双龙会”真假难辨
“铁三脚”再聚荧屏

（十）对　比

对比在新闻标题中的使用，可以更好地突出人和事物的特点，揭示其本质，给人留下鲜明的印象，便于人们去鉴别人和事物的美、丑、善、恶。例如：

△宋美龄尸骨未寒
李登辉说三道四

（十一）反　复

在新闻标题中运用反复，可以更好地突出主题思想，强调新闻内容所表达的感情，增强节奏感、旋律美。例如：

△孩子　孩子　孩子（主题）
——江西省广电幼儿园火灾直击记（副题）

（十二）反　语

通俗地说，反语就是说反话，即凭借对上下文语义的控制，使用一些词语或句子来表达本想表达的与这些词语或句子的字面意思截然相反的意思。例如：

△城管昨上街查处“乱吐乱扔”（引题）
“收获不大”令人欣慰（主题）

（十三）回　环

回环又称回文，就是将上句的结尾作为下句的开头，上句的开头作为下句的结尾，通过回环往复的形式，生动地展示两事物之间的关系。例如：

△酒后驾车——一年死伤2 000人（引题）
春节来临：驾车不饮酒，饮酒不驾车（主题）

（十四）谐　音

巧用谐音，可以收到意想不到的效果。例如：

△其实你不懂我的“芯”（主题）
——笔记本电脑采用“CPU”热点之思考（副题）

（十五）顾　名

就是利用人或物的名字在字面上的意思来做文章。例如：

△《功夫》没工夫关机

第九节　标题的制作方式

标题的制作方式主要有三十种：

1. 叙述式。把新闻中最主要、最新鲜的事实直接标出来。例如：

△广西发现一位136岁老人（主题）

一顿能吃六两饭

一次能喝两斤酒（副题）

2. 号召式。常用于宣传某个重要观点或倡导某种精神。例如：

△胡锦涛在四川召开抗震救灾工作会议并发表重要讲话强调（引题）

众志成城克服一切艰难险阻

坚决打胜抗震救灾这场硬仗（主题）

3. 赞扬式。常用于推广先进经验，表彰先进事迹。例如：

△昔日黄沙埋城　今日绿萌蔽野（引题）

右玉县顺利完成荒山荒地造林任务（主题）

4. 成果式。开门见山介绍新成就。例如：

△星云湖—抚仙湖出流改道工程竣工（主题）

白恩培　秦光荣　李纪恒　王学仁等出席竣工仪式（副题）

5. 结论式。常用来揭示意义和工作评语。例如：

△思想不松　行动不停　窗口不关（主题）

昆明高快客运站治理脏乱差取得新成绩（副题）

6. 描写式。对新闻事实进行有特色的描写。例如：

△轰隆隆一声　孤零零一块（引题）

合抱巨冰从天而降（主题）

7. 评论式。对新闻事实直接进行评论。例如：

△冰冻三尺　非一日之寒（引题）

从几件事看成都铁路局193列车颠覆事故（主题）

8. 疑问式。提出问题。例如：

△一位姑娘买敌敌畏意欲何为？

9. 提问式。有问有答。例如：

△昆明火车站的大好形势是怎样来的？（引题）

领导风正　职工气顺　工作劲足（主题）

10. 揭露式。直接揭露矛盾和点明问题。例如：

△当心！（引题）

有人出售假猪油（主题）

11. 概括式。提纲挈领地概括全篇主题。例如：

△人无笑脸休开店

12. 引语式。引用文中精彩的讲话。例如：

△“黑市粮价再高我也要卖给国家”（引题）

程宝华向国家超交粮食四万斤（主题）

13. 对比式。进行今昔、正反、纵横对比。例如：

△过去当唱歌　如今当真干（引题）

农村实行包产到户后粮食出现增长势头（主题）

14. 符号式。适当地运用标点符号。例如：

△一元钱买三样商品——称心

15. 奇趣式。利用巧合、谐音制作标题。例如：

△“钱进”不等于“前进”

16. 呼告式。对新闻中的人物呼名说话。例如：

△阿诗玛，你在哪里?

17. 悬念式。不先说明原因。例如：

△从未见过面的老朋友

18. 诗歌式。借用和改用古今诗歌原句用做标题。例如：

△春风熏得远客醉　直把店家当自家

19. 反语式。反话正说，正话反说。例如：

△好一个“大寨式”先进党委

20. 口语式。引用民间的生动语句。例如：

△哥哥今日走西口　妹妹欢喜不再留

21. 比喻式。用贴切的形象来做比。例如：

△一道公文背着50个印章旅行

22. 抒情式。含蓄有味，充满柔情。例如：

△盛开吧，火红的木棉花！

23. 口号式。提出一个响亮的口号或者要求。例如：

△站出来，让祖国挑选！

24. 公告式。宣传党和政府的决定。例如：

△应我国政府邀请　俄罗斯总统普京将来华访问

25. 广告式。以当面交谈的口气向读者介绍情况。例如：

△谁需特号鞋　请寄尺寸来

26. 串缀式。把人名、单位名、物名、地名等巧妙地与新闻主旨串联成题。例如：

△春风店何日再沐春风

27. 祈使式。希望别人做什么事或不做什么事。例如：

△云南省100名厂长联合给省长写信（引题）
请给我们“松松绑”（主题）

28. 警告式。提出值得注意的问题。例如：

△警惕！这里是深渊

29. 借名式。巧借新闻中的人、事、地名，刻意求新地发展为题。例如：

△李有德虐待老人——缺德！

30. 重复式。把同一个字词反复使用。例如：

△水！水！水！

第十节　标题的制作程序

标题虽各种各样，名目繁多，但其制作过程，则是完全相同的。标题制作通常要经过以下三个程序，可概括为三个“精心”：

一、精心阅读稿件

标题的基础是新闻稿件，它的第一步工序就是要精心阅读稿件，充分熟悉和了解稿件的基本内容，领会和把握稿件的中心思想，力求和作者的思想相连、相通，只有做到心心相印，体贴入微，胸中有数，才能据此制作出好标题。

所谓“精心阅读”，目的就在于把“新闻”找出来。

俗话说：“熟读唐诗三百首，不会写诗也会吟。”又说：“书读百遍，其义自见。”这实在都是经验之谈。因此，看稿时粗心大意，心不在焉，是不能制作出好标题的。

二、精心构思立意

在充分熟悉和了解稿件的基本内容和精神之后，第二步工序就是构思立意。

制作标题像做文章一样，同样需要构思立意。主题怎么标？引题怎么标？副题怎么标？一组引、主、副题齐全的标题，常常就是一篇文章的开头、正文和结尾。由于标题的字数受限制，这种构思立意的难度可能就更大些。

所谓“构思立意”，就是把稿件的基本内容和精神放在当前形势、实际工作和社会实践中去考察、衡量，究竟它们有多少针对性、分量和价值？要做到上挂党的路线、方针、政策和上级领导意图，下连工作实际、生活实际、干部和群众的思想实际。这叫做“举头望明月，低头思故乡”。

三、精心遣词造句

完成了以上两道工序后，还得精心遣词造句，以便把标题的内容表达得更完美。

要做到标题的字数少，含义深，主题鲜明，概括准确，逻辑严密，文字精练，并力求生动、优美、吸引人，这就要字斟句酌，反复推敲。要有古人吟诗作对的精神：“两句三年得，一吟双泪流。”和“语不惊人死不休”。

以上三个“精心”，可当做制作标题的“三部曲”。

制作标题时，还得讲究工作方法，以便提高效率和质量。下面七个注意事项，可能对你制作出好标题有帮助：

1. 先搭架子，后加工，不能求“一次完成”。重要的标题，还得反复推敲多次。

2. 先讲准确，后求生动，不要因词害意，因小失大。

3. 先“画龙”，概括准确新闻事实，后“点精”，再推敲和提炼主题思想。

4. 先可写得长些，以便把事情或问题说清楚，后再改短，精益求精。

5. 如果时间比较仓促的话，可先做个稳健的，然后再考虑标新立异。

6. 为了提高质量，而时间又允许的话，不妨多做几个，然后再从中挑选一个较好的。

7. 重要标题或疑难标题，最好采取“会诊”的办法，请编辑部的同事都来做，以保证质量。

制作标题的过程，是一个十分艰苦的思想劳动过程。一个好的标题，常常凝聚着编辑大量的心血。做好标题之后，最好放一放，反复斟酌后，再定夺。

为了便于大家记忆，现将新闻标题的制作，简要地归纳为“标题十忌”：

一忌文不对题，二忌态度暧昧，
三忌拖泥带水，四忌含糊其辞，
五忌陈词滥调，六忌虚无缥缈，
七忌矫揉造作，八忌晦涩难懂，
九忌言语轻浮，十忌面目可憎。

第十章　版面的基本常识和编排原则

版面是报纸的脸面，是吸引读者的手段。从某种意义上说：报纸的竞争，也就是版面优势的竞争。版面设计就是组版元素在版面上的计划和安排。优秀的版面设计，都表现出其各构成因素间和谐的比例关系。达·芬奇说："美感完全建立在各部分之间神圣的比例关系上。"

本章是本书最重要的章节之一。能熟练地进行画版，是报纸编辑工作的重中之重。

通过学习此章，要求学习者能充分认识到版面的意义和作用，并掌握安排稿件的原则和画版的方法。

第一节　版面的概念

最简单的说法是：它指报纸各版面的平面。

当然，这个说法过于简单，而且仅仅是就它的外貌而言的，并不全面。那么，比较全面而科学的说法应是什么呢?

版面是由各类稿件，包括文字稿、图片稿等组合而成的。这些稿件，经过编辑人员的选择、加工，并根据一定的宣传报道意图，把它们组织在一起，成为一个有鲜明主题、倾向和目的的不可分割的整体。换句话说，它已不是原先的"散兵散将"，也不是原先的这些稿件数量的总和了，而是已成为有组织、有战斗力的"正规化部队"了。因此，对于版面概念比较完整而科学的说法，应该是：它是各类稿件在报纸各版面上的布局整体。

报纸的版面有着较长的发展历史。我国最早的报纸是"不立首末"的手抄本，版面受书籍排版形式的影响，篇幅大小与书页相仿，文字竖排，一栏到底，既无字体、字号的区别，也没有栏的变化。19 世纪初，英国传教士创办的《察世俗每月统计传》是我国最早的近代报纸，虽然当时英国本土的报纸早已是双面印刷，但这份报纸却入境随俗，沿用书籍模式，与"京报"区别不大，版面上无字体、字号的区别，也没有栏的变化。直到鸦片战争后，西方报纸的版面模式才逐渐影响到我国报纸。

我国报纸的版面直到新中国成立初期都还是竖文竖题、上下分栏的。20 世纪 50 年代初，我国报纸编辑受苏联影响最大，编排方式模仿苏联的《真理报》，许多报纸从竖排改为横排，版面大多分四栏长栏排。1956 年汉字改革方案公布，《人民日报》率先改版，采用简化字，版面分为八个基本栏，逐渐成为我国大陆报纸占主导地位的编排形式。

20 世纪 90 年代，随着计算机技术发展和印刷技术的更新，报纸生产告别了“铅与火”，走进了“光和电”的新时代。计算机排版和彩色印刷的普及，带动了报纸版面的进一步创新和发展。

版面是编辑部内外成员劳动成果的总结晶，它集中体现报纸的宣传报道意图，鲜明地表现报纸编辑部对国内外各种事件的立场、观点和态度，表明报纸编辑部的喜、怒、哀、乐、恶、欲。因此，版面又被称为“报纸的面孔”。

“巧笑倩兮，美目盼兮”，一副美丽的面孔会令人心悦，对于一个女孩子来讲，可以大大提高其“回头率”。同样，报纸如果有一个“态浓意远淑且真，肌理细腻骨肉匀”和“俏丽若三春之桃，清素若九秋之菊”的好面孔，肯定能吸引更多读者的目光。

第二节　版面的意义和作用

读者和广告商首先看的是版面。

版面是报纸各种内容编排布局的整体表现形式。其意义和作用，主要表现在以下几个方面：

一、展示报纸的内容

读者读报纸是要了解报纸的内容，报纸的内容寓于一篇篇稿件之中，而稿件必须组成版面才能同读者见面。因此，版面是报纸内容的展示者，是报纸内容的存在方式和表现形式。

作为内容的存在方式和表现形式，版面虽然处于一种从属的地位，但是它对内容有极大的能动作用。版面对报纸内容的展示是有选择的，这个选择是和办报宗旨和为人服务的问题连在一起的。版面绝不是一个任人随意堆放物品的货架，它总是本着一定的方针、原则，能动地、积极地表现报纸内容的。

记者、通讯员和其他作者的辛勤劳动，最终都凝结在一篇篇稿件之中，它们能否产生社会效益，取决于版面对这些稿件内容的展示。如果，它们当中的一些有益于社会的精神产品未能得到展示，那么，他们付出的辛勤劳动就难以被社会确认。

二、评价报纸的内容

版面对报纸内容的展示，离不开位置的安排和编排手法的使用。版面的位置有显著与不显著之分，对所要展示的各项内容，反映出编者对这些内容的不同评价。作为一个编辑，总是想把他认为很重要，需要引起读者特别重视的内容，放到显著的位置。这种安排，表现了编辑对稿件意义的认识，表明了他对新闻事件所采取的态度。从这个意义上，可以说版面是报纸发言的特殊形式。

版面展示报纸内容，需要使用一些编排手法。这些手法有的能使稿件在版面上显得很突出，如用大字标题、粗线条等；有的能表示欢乐的情绪和渲染悲壮的气氛，如采用不同色彩等。

版面的这种发言，采用的是含蓄的方式，它往往借助于读者的联想，被读者领会。这种富有诱导性的发言方式，比之陈述式的发言方式，更容易被读者接受。

三、便利和吸引读者阅读报纸的内容

报纸首先映入读者眼帘的是版面，正如橱窗是形成顾客对商店的第一印象一样，版面也是形成读者对报纸的第一印象。

版面对稿件的有条理的安排，能促使读者的视线随着这种安排，在版面上进行有韵律的移动，很方便地找到自己所要阅读的内容。版面如能安排得眉清目秀，生动活泼，将会引起读者的阅读兴趣。因此，在便利和吸引读者阅读方面，版面是不可忽视的重要手段。

四、体现报纸的个性

各种报纸由于其承担的任务和读者对象、发行地区、出版周期等各不相同，反映在报纸的内容和形式方面也都有各自的特色。版面既然是报纸内容的展示者，它就要通过对展示对象的选择，突出有利于体现报纸个性的内容。为了表现报纸的特定内容，版面能够通过对版面空间、编排手段的不同利用，创造出报纸在形式上的某些特色。例如，在编排上有的报纸比较活泼，有的报纸比较严肃，有的透着秀气，有的富有阳刚之美等。如果一份报纸在版面上，比较固定地使用某种形式，久而久之就会发展为那份报纸的特色。

五、推销报纸本身

在推销报纸这件事上，版面有两重性：它既是商品本身又是商品的包装。对完全走向市场的报纸来说，只有版面，特别是作为“封面”的第一版要精彩，才能激起读者的阅读欲和购买欲，获得可观的发行量，从而创造出理想的社会效益和经济效益。

六、引导稿源

版面不光是办给普通读者看的，稿件作者也要看，而且他们看得更仔细。揣摩版面的发稿风格，是稿件作者的“家庭作业”。办报人固然可以通过其他方式引导稿源，如刊发征稿启事、寄约稿函、与作者面谈等，但影响更广的方式，是利用版面引导作者。

版面是对稿源引导中最有力的。版面编辑应重视版面的这项功能，按照报纸的改革方向，自觉地利用版面把稿源引向预期的方向，而不能做无所作为的“拼版匠”，被作者牵着鼻子走。对真正的好稿件，要舍得给版面，精心包装。对题材陈旧、内容枯燥、写法老套的稿件，最好不登，免得给人以误导。

七、为报社营利

报社收入的很大一部分，是通过为客户刊登广告获得的，而广告所占用的也是版面。版面因此具备两个用途：一是刊登稿件，为读者提供新闻及其他信息服务；二是刊登广告，为客户提供促销产品和塑造形象服务。在广告商那里，版面是按平方厘米计价的。版面的营利功能建立在信息载体的功能之上。载体功能发挥得越好，拥有的读者就越多，社会影响力就越大，版面的营利功能就越强。

第三节　常用版面术语

一、报　型

报型指报纸的外形，包括报纸的平面面积和长宽比例。传统报纸的报型分为两大类：对开报纸和四开报纸。因为报纸印刷用纸通常采用新闻纸，也称白报纸。一张完整的平板形式的新闻纸叫做全开，以全开平板纸能裁成多少小张就是多少开。裁成两张，每张1/2全开纸大小叫做对开；裁成四张，每张1/4全开纸大小叫做四开。如《人民日报》是对开报纸，宽高规格为390mm×550mm；《春城晚报》是四开报纸，宽高规格为275mm×390mm。近年来，报型在这两大类的基础上有了更多变化。对开报纸取向窄化，称为“瘦报”。四开报纸则出现宽幅设计。这些特别的报型也被称为“异型”版面。

二、版　面

指各类稿件在报纸各版面上的布局整体。它集中地体现报纸编辑部的宣传报道意图，被称为“报纸的面孔”。

三、版　序

版序指版面的先后次序。目前比较流行的版序有三种，第一种是多张叠在一起，第一张正面为第一版和最后一版，背面为第二版和倒数第二版，第二张正面是第三版和倒数第三版，反面是第四版和倒数第四版，依此类推。第二种是分张依次叠放，第一张为一至四版，第二张为五至八版，依此类推。第三种是整份报纸分若干个组，每一组由多张叠在一起，即以第一种方式形成其中的每一组。

第一种与第二种版序为自然版序，第三种人为分隔出来的多组化的版序打破了自然版序，使报纸出现了多个头版（首页），这在报纸版面较多的情况下有利于报纸的内容分割，也方便读者阅读。

我国的报纸，一般第一版为“要闻版”，其重要性居各版之首。其他版为“分工版”，无主次之分。

四、版　组

版组是一份报纸中由若干内容相关的版面组成的相对独立的一部分。报纸在版面增加后，为了方便读者阅读，根据版面的内容设计对报纸进行分割，内容相同的版叠在一起，每一叠就是一个版组，并以 A、B、C 等加以编号，每一版组内的版序是自成一体的，如以 A1、A2、A3……排序。版组的划分主要根据报纸的读者定位和功能定位来确定，各家报纸有所不同。

五、版　心

版心是指一个版面除四周白边以外的可排文字或图片的地方，即版面的容量。一个版面容量的大小是由报纸的开张和分栏的情况、基本字体的大小等因素决定的，各报并不完全相同。

六、报　头

报头是报纸第一版刊登报名和其他内容的区域，多数横排报纸的报头位于一版左上角，面积为 1/2 版心宽，1/6 版心高。报头刊登的常规内容包括报名、出版单位、刊号、总期数、出版日期等。

随着报纸版面的变革，报头设计也出现了多样化的趋势，报头的位置和所刊登的内容也不断突破传统，如不少报纸的报头变成通栏宽，除常规内容外，还刊登“便民电话”等，有些报纸将自己的办报格言标注在报头中。

七、报　眼

报眼，又称“报耳”，是横排报纸第一版报头（指非通栏报头）右侧的版面区域。如果报头通栏，报眼就不再存在。

报眼所占版面不大，但因位置显著，一般用来刊登比较重要而又短小的新闻，或者刊登当日报纸的内容提要，也有的报眼不单独编排，而与下面的版面连接编排。

八、报线、眉线、报眉

报线是版面上分隔版心与周围空白的线条。有些报纸的版面上只有上下各一条线，也有报纸以上下左右四条报线围成框突出版心。

眉线是版面顶端横向分隔版心与上部空白的报线。

报眉是报纸眉线上方所印的文字，一般刊登该版名称、版序、出版日期、版面内容标识等。

九、中　缝

中缝是一份报纸相邻两块版之间的空隙，也称做“报缝”。中缝可以空着，也可以刊登广告、实用信息，或者用于版面上长文的转文等。一些大报为了版面的庄重与美丽，将中缝留空不用；也有不少报纸，特别是四开报纸，为了更充分地利用版面，则用报缝刊登广告、电视节目、知识小品等。

十、头条、双头条、倒头条、假头条

头条，是指放在版面中横排报纸版面左上方、竖排报纸版面右上方的位置，这两个位置即被认为是版面中最重要的。

双头条，指在报眼位置或版面右下方刊登一条与头条同样重要的稿件，即形成“双头条”。双头条的特点是两篇头条的标题同样突出，在图片使用、围框等强化性的编辑方法上也同样突出。

倒头条，是一种特殊的双头条，即在版面右下方与头条同等规格处理的重要稿件。

假头条，又称“小头条”或“头条前”，是处于版面重要位置，但实际并非头条的稿件。一般位于真正的头条之上、之左，标题小于头条，涉及重要人物、机构、活动，但无实质性的重要内容。

十一、通　版

指打通报纸上相邻的两个版而形成的版。通版的面积包括这两个版和两版间的中缝，一般用于报道重大事件。对于四开报等小报来说，通版的使用有助于表现重要的新闻内容。但对于篇幅较大的大报来说，通版往往不太方便读者阅读，因此不宜过多使用。

十二、大样、小样

大样，指一个版面的样张。未经校正修改的，叫毛样；已经校正修改的，叫清样。清样经值班总编辑审阅签字后，便可压版或制版付印。

小样，指打印出来的单篇稿件的样张。未经校正修改的，叫毛样；已经校正修改的，叫清样。

十三、黑、白、紧、松

黑，指标题和图片等。白，指文字和空白等。紧，指版面编排比较拥挤。松，指版面编排比较稀疏。

十四、黄金分割律

古代希腊人发现的分割法。大意是：把一根线分割成两段，短的一段和长的一段的比例，等于长的一段对全段的比例，这样的分割最美（在实际运用上，最简单的方法是按照数列2、3、4、5、8、13、21、34……得出2∶3，3∶5，8∶13等比值作为近似值），以这样的比例构成的图形是最美的（相当于4×6的照片形状，报纸本身就是如此）。

第四节　版面空间与版面符号

一、版面空间

从印刷角度看，一定大小的纸张所提供的空间只是一种印刷的物质材料，各局部之间不存在差别。从编排角度看，这种空间却是表达编排思想的一种手段。这种表现报纸编排思想的一定大小的纸张所提供的空间，就叫做版面空间。

（一）版位、区序

就一个版而言，版面可划分为若干区，各个区在版面中所占的位置叫版位。不同的版位具有不同的强势。

根据读者视觉习惯，一般横排报纸是上半版优于下半版，左半版优于右半版。作为直排报纸，则是右半版优于左半版。如果将报纸分为上左、上右、下左、下右四个区，对于横排报纸来说，上左最具强势，其次是上右。按读者视线自然移动规律，下右要优于下左。

因此，就强势而言，上区优于下区，左区优于右区，上左优于上右，下右优于下左。版面各个局部的这种强势大小所排列的次序，就是区序。详见下面所列报纸版面示意图：

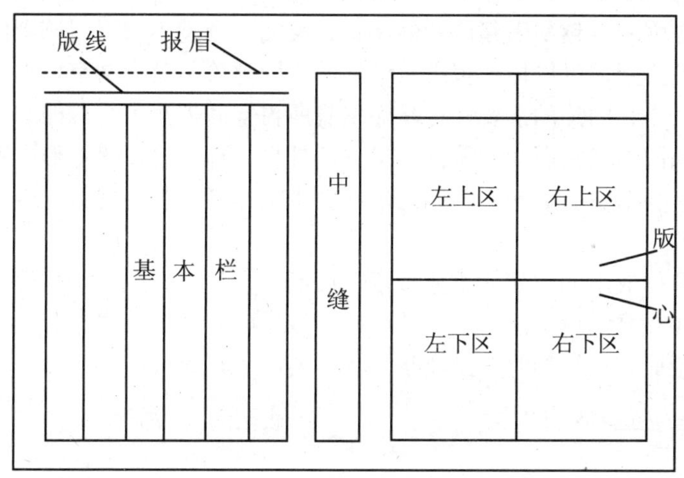

（二）栏、行、基本栏

栏、行，是指报纸版面纵横划分的行列。以横排报纸为例，版面横向分为几等份，就叫栏；纵向分为几等份，就叫行。

通常，对开报一般分 8 至 9 栏，四开报分 5 至 7 栏；对开报行高 120 行左右，四开报行高 90 行左右（均为新五号字）。第一版行高都比其他各版高 2 至 3 行（均指横排报纸）。

栏、行也是版面宽度与高度的基本计算单位。

基本栏，指栏的最小等份单位。如一个版面分 8 栏，这 1/8 的栏就叫基本栏或基础栏。

基本栏的排文字数也有统一规定。如分 8 栏的，每一个基本栏的排文字数，老五号为 9 个字，新五号为 10 个字，也称“栏宽”。

（三）通栏、长栏、破栏、变栏

通栏，指把版面报头下的栏线从左到右全部都打通。如以 8 栏分的横排报纸的版面来说，通栏的宽度就是 8 栏。通栏标题，就是最长、最大、最重要的标题。

长栏，是几个基本栏之合。比如，两个基本栏之合就叫两栏。依此类推。

破栏，是将一个长栏分成均匀的几等份。常见的有：三破二、五破三。换一种说法，破栏即把原来两个基本栏之间的栏线破了，重新分栏。

变栏，是不按基本栏之合通栏，而按需要通栏。如一栏排 10 字，另一栏排 8 字，改变了以基本栏为计算单位的排列法，这在实排稿件时是不允许的。

(四) 版面空间的大小、形状和距离

版面空间大小不同，所显示的强度也不相同。占据的空间越大，给读者视觉上的刺激就越强烈，越易引起读者的注意；反之，则越不易引起读者的注意。给予不同大小的空间，可以体现报纸对稿件的不同评价。其中文字稿件主要看标题所占空间的大小，图片的重要性也是靠本身所占空间大小来显示的。

版面空间的形状指版面上稿件所呈现的外形，如正方形、矩形、不规则多边形、椭圆形、菱形、心形等。不同的形状会带给读者不同的视觉感受，从而具有不同的强势。

距离也是构成版面空间的重要因素。版面上文稿、标题、图片等由于所处的位置不同，相互之间就会出现不同的距离，以反映版面各组成部分之间的疏密关系。在安排版面布局结构时，距离是一个重要的表现手段。

二、版面符号

画版，实际上就是根据拟定的组版构想，遵循特定的美学原理，按照一定的版面类型，利用版面的编排手段来组织版面空间。而要掌握版面的编排手段首先要掌握版面的基本构成符号。版面符号包括文字、线条、色彩、图片、空白、底纹等。版面的编排就是这些版面符号在版面空间内的组合排列。

(一) 文　字

文字是报纸传播的主要符号，包括标题和稿件正文。汉语的每个字符都是形、音、义的统一体，“形”使字符具有不同的外部特征。这种外部特征在字义上没有区别，却是文字符号的伴生符，传达给读者不同的心理感受，也是表达编辑思想的重要手段。字符形的变化主要表现在字号、字体和字形三方面。

字号用以区别字符大小。我国报刊以前采用号数制，如一号、二号、三号、四号字等。对开报纸多用小五号字，四开报纸多用六号字。号数越大，字符越小。

字体源于字的形体和笔画的粗细变化。不同的字体蕴涵着不同的气韵和风骨，呈现出不同的感情色彩。中文报纸的常用字体有四类：宋体、黑体、仿宋体和楷体。宋体正直庄重，是新闻正文排版的首选字体；黑体厚实雄浑，多用来排标题；仿宋体纤细秀丽，多用来排副刊作品；楷体流动自然，排正文时多用于评论，也可用来排标题。其他如隶书、圆体、综艺体、琥珀体等装饰性强的字体主要用来排各种标题。

字形的变化有方字、长字、扁字。电子排版软件中还提供丰富多样的变体字，如立体、勾边、空心、倾斜、阴字、旋转等。

以下是电子排版常用字体。

报　宋	中华人民共和国	繁报　宋	中华人民共和国
仿　宋	中华人民共和国	繁仿　宋	中華人民共和國
黑　体	中华人民共和国	繁黑　體	中華人民共和國
楷　体	中华人民共和国	繁楷　體	中華人民共和國
书　宋	中华人民共和国	繁書　宋	中華人民共和國
小标宋	中华人民共和国	繁小標宋	中華人民共和國
中等线	中华人民共和国	繁中等線	中華人民共和國
行　楷	中华人民共和国	繁行　楷	中華人民共和國
魏　体	中华人民共和国	繁魏　體	中華人民共和國
姚　体	中华人民共和国	繁姚　體	中華人民共和國
大　黑	中华人民共和国	繁大　黑	中华人民共和国
大标宋	中华人民共和国	繁大標宋	中華人民共和國
舒同体	中华人民共和国	繁舒同體	中華人民共和國
细　圆	中华人民共和国	繁細　圓	中華人民共和國
中　圆	中华人民共和国	繁中　圆	中华人民共和国
准　圆	中华人民共和国	繁准　圓	中華人民共和國
粗　圆	中华人民共和国	繁粗　圓	中華人民共和國
综　艺	中华人民共和国	繁綜　藝	中華人民共和國
琥　珀	中华人民共和国	繁琥　珀	中華人民共和國
隶　书	中华人民共和国	繁隶　书	中华人民共和国
彩　云	中华人民共和国	繁彩　雲	中華人民共和國
隶　变	中华人民共和国	繁隸　變	中華人民共和國

（二）线　条

线条主要分为水线和花边两大类。水线包括正线（细线）、反线（粗线）、双正线（两行细线）、双反线（两行粗线）、反正线（两行线，一粗一细，又叫文武线）、曲线（波纹线）、一点线等。花边又叫花线，是有花纹图案的线条。

线条在版面上的作用包括：（1）强势。给重要的稿件加框、天地线，文内加水线，可使稿件突出，引起读者注意。（2）区分。在稿件之间加线条，表示二者之间的分界。（3）结合。将几篇稿件围边、勾线，读者自然会将之视为一个统一体，区别于其他稿件。（4）不同形状的线条风格不同。如花边生动，水线朴实，曲线较活泼，反线较严肃，正线纤细清丽。可用线条表达不同的感情色彩，如喜讯、趣闻可饰以花边，讣告性的新闻加黑线，使内容特征通过编排表现出来。（5）美化。线条使版面增加变化，有一定的造型美，也有装饰作用。由于直线具有简洁、顺畅、方向感强的优点，现在报纸大量运用直线。

（三）色　彩

不同色彩具有不同的视觉效果。我国传统习惯认为，如红色是热烈、庄严的色彩，象征着喜庆、胜利；绿色是安静、清新的色彩，象征着新生、青春、希望；黄色是沉重的色彩，象征着严肃、坚毅、悲愤。色彩在报纸编排中发挥着很重要的作用：一是可以表达特定的感情，烘托气氛。例如，在节日或报道喜庆事情时套印红色，以表达欢快的感情；在报道植树活动或进行健康宣传时套印绿色，以突出人们对环境、健康的保护意识。二是版面具有较大强势之处，套用黑白两色可以突出重要稿件。三是适当运用色彩可以美化版面。

（四）图　片

图片，包括照片、图表、刊头等，在版面上有实际功用。从内容上讲，图片是传递信息的一种方式，从形式上讲则是平衡版面的一种手段。图片作为一种版面语言，主要是通过形状和规格的变化，来表示评价和情感。例如，一般新闻图片通常制成3栏宽。如某次一张报道农业丰收的照片被制成6栏宽，这无疑是在抒发丰收的喜悦。围绕同一主题刊登多幅照片，表明报纸对此事特别重视。人物肖像制成多大规格，采用什么排列顺序，都表现出编辑不同的评价。照片外部轮廓是采用矩形，还是剪成光怪陆离的形状，其感情色彩也是大不相同的。

（五）空　白

空白可以显示重要性，增加强势。比如，在标题四周或正文、图片四周留有适当空白，可以形成鲜明的黑白对比，增加文与图的强势，引人注意。这是以虚衬实的一种编排手法。

稿件之间留有一定的空白，界限就容易分清，读者在阅读时不易发生混淆，与用线条区隔的功能相同。另外，空白还可以美化版面。版面文字太密集，空白少，就会沉闷。反之，会给人愉悦感。特殊的场合，空白可以代替文章，通过开天窗，表达某种感情和主题。

留白最忌不当。业内有人指出，可以借鉴国画的“疏可走马，密不透风”原则。此外，还忌大面积铺黑反白。

（六）底　纹

报纸版面用底纹来装饰标题，已有几十年的历史。但在铅字印刷时代，由于底纹制作工序复杂，制成后便无法改动，底纹使用得不普遍。计算机排版系统问世后，底纹的制作工序大为简化，使版面上的底纹越来越多，不仅用来装饰标题，有时也为整篇稿件的正文铺底。底纹的基本功能是美化版面，使版面显得平衡、匀称，以弥补图片较少的缺陷。作为版面语言，首先，底纹有强调的意思。其次，由于图案不同、浓淡不同，还可以用来抒发情感。

粗略地划分，底纹有两大类：一是黑底纹，二是花底纹。

黑底纹上没有图案，由黑网点或黑色块组成，其上面的字符通常使用阴文，俗称“反白”。它给人的印象是凝重、冷峻，常用来表示强调和警示。

花底纹由抽象的几何图案组成。它也表示一种强调，但在强调的同时往往透出几分欢快和轻松。

第五节　组版构想与版面布局原则

一、组版构想

版面设计可分为三种境界：

第一种境界，是把应该上版的稿件都安排上去，形式上得过且过，内容上不讲联系和层次。

第二种境界，比第一种略有进步，主要是讲究版面布局的匀称、和谐，有意识地把标题、图片安排得错落有致，稿件形状、题文结合方式等比较规范。

第三种境界，是版面内容与形式达到高度统一。

由此，我们可以得出这样的结论：

组版构想是个“意在笔先”的重要问题。没有好的组版构想，是绝对排不出好版面的。

编辑在运用版面元素时首先要通读稿件，对于如何设计版面，要事先形成一个组版思路，成为组版构想。具体的组版构想可以从以下三个方面考虑：

（一）正确分析稿件，形成编排思想

编辑思想是版面的灵魂。它是编排思想通过版面编排的具体表现，报纸以此为依据来评价稿件中反映的客观事实，并在版面上表现出来，影响舆论。编排思想正确是组版的首要要求，它与编排技巧相比占第一位，技巧是为思想服务的。编辑在编排版面时，应有明确的中心思想，即这块版面要体现什么、突出什么。

正确的编排思想，来自职业水平、编辑方针、读者对象、特定任务、发行地区、报纸特点、稿件价值等。

（二）确定头条和重点

选择哪条新闻作为头条，哪些稿件需要突出处理，是编辑要重点考虑的问

题。编辑通过比较各条稿件，权衡轻重，选出适当的头条和重点。

头条也称头题。广义的头条是指报纸各版上最为重要的一篇（或一组）稿件。狭义的头条仅指要闻版上最为重要的一篇（或一组）稿件。头条通常都放在最重要的版面上，并利用其他编排手段和方法加以突出。选择什么做头条特别是要闻版的头条，对于发挥报纸的舆论导向作用、创造报纸的特色具有重大意义。

（三）把握版面信息量和用稿量

用稿量是指版面采用的稿件数量。信息量则是指版面能提供给读者内容的多少。好的新闻版面，应尽力做到用稿量与信息量成正比，给读者提供更多的信息。20 世纪 80 年代，我国新闻界提出“条多面广”的说法，条数多少成为版面是否生动活泼、信息量是否大的重要尺度，头版多要求用稿量在 20 条左右。20 世纪 90 年代扩版以来，报纸版面增长迅速，一些问题随之出现：有价值的稿件占位太少，难以吸引读者注意力；稿件太短更不利于发挥报纸深度报道的优势，条数过多也不利于做到版面美观大方。因此，对于如何增加新闻版面的信息量，各报的观念开始更新，改为减少用稿量、加强编排力度。

二、版面的布局结构

版面的布局结构是版面各组成部分之间相互联系的形式，包括稿件的布局结构和题与文的布局结构两个方面。

（一）稿件的布局结构

稿件的布局结构是指版面上各篇稿件相互结合的表现形式。根据稿件之间接壤的不同特点，可以将稿件的布局结构分为排列和穿插两种。

排列，就是稿件以规矩的矩形一篇一篇整齐地排放在版面上。运用排列方式安排稿件，能使稿件之间界线分明，方便读者快速阅读，也便于编辑撤换稿件，方便组版。

穿插，就是稿件以多边形互相交错结合在一起。穿插的方式有多种，有的稿件只被一篇稿件穿插，有的稿件同时被多篇稿件穿插。采用穿插的版面因稿件相互咬合，使版面有一定的变化，而且篇幅长的稿件采用穿插方式编排，就避免了正正方方一大块，在视觉上可以起到化整为零，化长为短的效果。

在一块版面上，稿件的布局结构可以全部采用排列，也可以将排列与穿插结合使用。稿件的布局结构从整个版面最终的效果来看，可以呈现的结构形式也即通常所说的“版式”，有很多种。其后一章中将专门对版式展开讨论。

（二）题与文的布局结构

题与文的布局结构是标题与正文之间的相互联系的表现形式。题与文的布局结构相对于整个版面来说只是一个局部，但这个局部不是孤立存在的，它与版面其他的局部有紧密的联系。如果局部的题文布局结构不好，整个版面的效果也会受到影响。

题与文的布局结构主要包括四个方面：排文的基本形式、题与文的长度关系、标题自身的排列、题与文的位置关系。

关于题与文的布局结构问题，本书已在“标题的制作”一章中专门阐述了，故此处只简单介绍。

第六节　编排的政治性与技巧性

报纸编排要把握的总原则是：政治性第一，技巧性第二。

报纸的版面编排，是一项综合性的艺术，政治性和技巧性都很强，要做好这项工作，首先要处理好这两者的关系。

版面的编排，具有强烈的倾向性，是政治性十分强的工作。

编辑要充分认识这一点，要以马列主义、毛泽东思想、邓小平理论、“三个代表”重要思想、科学发展观和党的路线、方针、政策作指导，以报纸编辑部宣传报道的任务和要求作根据，慎重选取见报稿件，并根据这些稿件的思想内容和政治意义及它们之间的相互关系，作出相应的编排。其中，登与不登，登在什么地方，位置多高，标题多大等，首先都出自政治上的考虑。例如：把原应是头条的稿件漏登了或放到了末条的地位上；把有关我国领土台湾的新闻登到了国际版上；把同级的外国使节的标题分成了大小；在版面上出现了违反宗教政策、有伤少数民族自尊心的文章等，都属政治性的差错，它所造成的后果是非常严重的。为此，编辑要十分重视版面编排的政治性，应把它看成是组织版面工作的灵魂。

版面的安排，又具有强烈的技巧性，是技术性十分强的工作。一个版面上能容纳多少稿件，各稿件所占的篇幅有多大，怎样表现它们之间的关系和内在联系，标题和文字各用什么字体、字号，选什么花边，以及图片如何剪裁，文字说明如何放置，色彩怎样搭配，怎样使版面既美观大方、生动引人，又便于读者阅读，体现报纸风格等，都离不开编排的技术。如果一份报纸的版面编排得很难看，即使有非常精彩的内容，也是要大打折扣的，因为读者一见就会生厌，提不起兴趣。因此，编辑又要十分重视版面编排的技巧性。一个好编辑，相当于一个艺术家；一个好版面，相当于一幅艺术品。

版面编排既是政治性很强，又是技术性很强的工作，那么，编辑应该如何处理好这两者的关系呢？我们认为，正确处理的原则是：既要注意防止只重政治，不重技术的倾向，又要防止只重技术，不重政治的倾向。要把两者很好地结合起来，力求使版面达到政治和技术的高度统一，内容和形式的完美结合。

通常，新编辑容易忽视编排的政治性，比较侧重编排的技术性；老编辑则比较侧重编排的政治性，容易忽视编排的技术性。这两种倾向，虽然危害的程度不一样，但对提高版面编排的质量都是不利的。

第七节　稿件的安排

组织版面的工作，虽然千头万绪，但概括起来，主要是两大方面：一是安排稿件，二是美化版面。前者主要是指编排的政治性，后者主要是指编排的技术性。这一节说的，主要是第一方面：安排稿件。

安排稿件，指的是稿件在版面上占的位置和面积，及其各稿件之间相互关系的处理。这里包含两层意思：一是指各类稿件根据自身的价值，在版面上应占的位置。二是指各种稿件间的相互关系。在安排稿件时这两者都要统一处理好。把稿件应占的位置弄错了，固然不好；把稿件之间的相互关系弄糟了，整块版面杂乱无章，支离破碎，也同样不好。安排稿件决定着报纸版面的基本结构和政治面貌，是决定大局和全局的问题。在组织版面的工作中，最让编辑伤脑筋、花时间多、难度大的，就是这项工作。

安排稿件时，编辑一般要注意解决好以下几个问题：

一、注意主次分明，条理清楚

我们在前面说过，版面上的位置是十分讲究的，而且版面又是一个“布局整体”。因此，安排稿件时做到主次分明、条理清楚、是十分重要和必要的。

所谓主次分明、条理清楚，就是要求编辑人员根据稿件的内容及其相互关系，正确而恰当地在版面上安排它们的位置：重要的稿件放在重要的地方，次要的稿件放在次要的地方，同一主题的稿件安排在一个范围的位置，对比的稿件安排在相邻的位置，使各种稿件按照它们自身的价值和意义，在版面上“各就各位”，各得其所。同时，又要互相照应，互相补充。

主次分明，条理清楚的对立面，就是轻重倒置，杂乱无章。初学者常常不可避免，关键在于随时总结经验教训，不断提高水平。

二、注意中心和一般的结合

版面宣传应有中心。版面宣传的中心可以是实际生活中的中心工作，也可以是非中心工作。当然要合理予以安排，有时还要配套，造成声势，予以强调，这些都是必要的。与此同时，编辑又要常常考虑非中心稿件的安排，给予适当的安排。一个时期内，重点部门和地区的稿件，当然要突出地予以安排。但是，同样也要考虑非重点部分和地区的稿件并给予合理安排。

马克思主义的辩证法告诉我们，只有中心，没有一般，实际上也没有了中心。只有同时有了中心和一般，才显得出中心，即它才有中心。因此，弘扬主旋律，提倡多样化，注意中心和一般的结合，不仅红花绿叶相得益彰，而且协调了中心工作和一般工作稿件之间的关系，协调了重点部门、地区和一般部门、地区稿件之间的关系。既有利于调动各方面的积极因素，也使报纸版面内容丰富、绚丽多彩。这是编辑工作中的辩证法，也是编辑工作人员搞好工作的一种艺术。

注意中心和一般的结合，要解决好两方面的问题：一是只有中心，没有一般，有花无叶，光秆牡丹；二是只有一般，没有中心，有叶无花，群芳无主。遇到这两个问题，通常解决的办法是：对前者，主要采取“精编专栏”的办法，尽可能省出一点版面，刊登那些经过压缩的非中心稿件的各类专栏，解决“没有一般”的问题；对后者，主要采取“组织头条”的办法，充分发挥标题的组织新闻的作用，把同一主题而分散的小稿件，组合在一起，“化零为整”，作为头条，解决“没有中心”的问题。

当然，所谓中心和一般的结合，只是作为一种指导思想提出来的，在具体处理版面时，还应从实际情况出发。例如，有时候整版就是一组稿件甚至就是一篇稿件，那就很难作统筹兼顾的安排了。

三、肯定为主，不忘批评

提出坚持正面宣传为主的方针，是以我国的客观现实为根据的，也是与我国新闻媒介的历史使命相吻合的。

但是，媒体上不能没有批评，因为现实生活中有腐败现象，有丑恶行为，对此进行批评和揭露，是一种舆论监督。舆论监督是党的十三大报告中提出来的。江泽民同志1996年9月26日在视察《人民日报》社的讲话中也说：“希望《人民日报》旗帜鲜明地坚持党性原则，坚持以邓小平建设有中国特色社会主义理论和党的基本路线为指导，不管在什么时候、什么情况下，都要在思想上、政治上同党中央保持高度一致，弘扬爱国主义、集体主义、社会主义的主旋律，热情歌颂人民群众在改革和建设中的奋斗业绩，鼓舞人民群众为振兴中华而艰苦奋斗。同时，对消极腐败现象也要进行批评和揭露，发挥舆论监督作用。”

在报纸上开展批评，实行舆论监督，乃是为了巩固党与人民群众的联系，保证党和国家的民主化，加速社会进步的必要方法，其作用是举足轻重的。很多人不怕行政处分，不怕党内通报，就怕报纸批评。当然，为了防止“伤害”过大，报纸批评要讲究方式方法是十分必要的。随着经济的发展和社会的进步，舆论监督的意义和作用，将会越来越明显。这是完全可以预料的。

坚持正面宣传为主的方针，从根本上说，还是质量问题、倾向问题。因为只有我们写出大量高质量、高水平的报道来，只有当一份报纸充满着鼓舞人心、激动人心、启迪人心的精神力量时，才能对稳定大局、对经济建设、对改革开放发挥重要的作用。反过来说，如果报纸刊登的都是些平平庸庸的报道，不能引起读者兴趣，即使百分之百都是正面报道，也不能认为是真正贯彻了正面宣传为主的方针。对舆论监督的理解，也应该是同样的道理，要多注重质量。

总之，既报喜，也报忧，以正面宣传为主，以批评报道为辅，应成为我们长期坚持的办报方针。这也是报纸具体贯彻党的实事求是思想路线的具体表现。只有这样做了，我们所办的报纸才会吸引读者，越办越好。

四、注意处理好两个“关系”

编辑工作中也有“关系学”，如安排稿件中就有很多。前面三点说的是已经决定上版面稿件的相互关系。这点说的是还没有决定上版面稿件的关系。主要是两大“关系”：国际要闻与国内要闻的关系和国际、国内要闻与地方、专业要闻的关系。

由于报纸的性质、任务、对象以及时间（早、中、晚）空间（东、南、西、北、中）的不同，各种报纸都有自己的选登稿件的不同标准和要求。如党报与非党报不同，日报与晚报不同，大报与小报不同，综合性报纸与专业性报纸不同。甚至同一类的报纸由于地区不同，选登稿件的标准和要求也有不同。但是，我们的报纸都是社会主义性质的报纸，都是人民的报纸，而且报纸作为党、政府和人民的喉舌，都有引导和教育读者的天职。因此，各类报纸既应有自己的选登稿件的不同标准和要求，又应有大体相同或部分相同的选登稿件的标准和要求。这样，编辑在安排稿件时，就得注意处理好各种关系，特别是这两大“关系”，因为它们几乎同所有报纸都有关联。

编辑在处理两大“关系”时，要注意防止两种倾向：一种是以本地区、本专业要闻压倒全国、国际性要闻的地方主义和本位主义的倾向，而忽略和削弱了地方报纸或专业报纸同样有面向全国、全局的作用；另一种是过多地采用全国性、国际性要闻，甚至是一般性的全国性、国际性新闻的倾向，忽略和削弱了地方报纸或专业报纸对本地区或本专业工作和群众的特殊作用，失去了地方报纸和专业报纸的特色。

第八节　版面的美化

版面的美化，指的是为“稿件的整体布局”而“梳妆打扮”的工作。

美化版面的工作，主要是技术性的工作。但是，形式是为内容服务的，技术是为政治服务的。因此，编辑在美化版面时，要注意充分发挥技术对政治、形式对内容的积极作用，努力使版面为广大读者喜闻乐见。单纯考虑技术和形式是不对的，不轻视技术和形式同样是不对的。

美化版面的工作，非常具体，也非常细致、复杂。具体说来，其工作主要有：通过题文的配合、图文的配合、长短块的配合、大小题的配合、横直文的配合、栏的变化以及字体、字号、花框、花线、题花、脚花、各种装饰物和色彩等的运用，使版面的内容和形式完美结合，充分体现报纸的风格和特色，取得良好的宣传效果。

报纸属“平面艺术”，常用文字、照片、色彩、线条以及许多其他材料来进行美术设计。在版面设计时，要注意运用以下美学原则：

一、平　衡

在一个版面上，不应该某一部分过重，另外一部分过轻。一个不平衡的版面，可能会给读者有不安之感。报纸设计最常见的不平衡，是在版面上端用又大又黑的标题，在版面的下端用又细又淡的标题，显得头重脚轻。另外足以造成不平衡的是在版面上端放一张又黑又大的照片，下端却没有声势相当的图片与之呼应。如此不平衡的结果，读者的眼睛自然被吸引到黑重的部分去，而舍弃轻淡的部分。

版面的平衡，并不是精确的数理平衡，而是一种平衡的感觉。因此并不要求版面左右对称、等量，而是以视觉中心为支点，决定哪一部分具有视觉分量。哪些有分量的材料，在版面上非常醒目。达到平衡，通常是以版面上端与底层的稿子相衡量，而不是衡量左右两边。

依据此原理，最突出的稿件，如版面上端有用粗黑大标题的稿子，应该与底层用相似标题的稿子相呼应。如果底层没有粗黑或者大标题，版面就会显得头重脚轻。同样的道理适用于照片。在底层的标题或者照片，不必和在上端的同大同黑同重，因为它已在距支点较远的一端。

二、对　比

平衡的版面对于版面来说是静态的，报纸需要生动活泼，需要一种动态的表现力，要创造这种表现力就应该在版面上追求一种变化。对比，是变化当中最典型的一种。所谓对比，就是使性质相反的一对（或几对）要素产生一种强烈的反差。日本学者朝仓直已认为："具有相反性质的要素，是指形态、色彩或质感，也可以指大小或配置的情况。把不同质的要素结合起来，造成极端异质的状况，并以某些方法在多种造型要素之间造成反差极大的效果就是它的目的所在。"在版面上，对比是指两篇或两篇以上的稿子彼此截然不同，如清淡标题与黑重标题的对比、小照片与大照片的对比。因为有反差，版面才显得生动，读者才有新鲜感。

如果版面的每一版块都是等量对称，且标题也很少变化，照片形状与大小相差无几，这样的版面，很难说是一种美的版面。版面设计人员应该理解对比的要义，力求在版面的设计中，通过文字、图片、装饰等符号的编排来寻求对比所需的"相反性质"。

三、比　例

在运用视觉的平衡这一法则设计版面时，应着重把握好比例。比例是指事物的整体与局部或局部与局部之间面、线、点和色彩的比例关系。

有史以来，黄金分割律不仅在艺术中广泛使用，而且在自然界里到处可见。黄金分割为什么会使人产生美感？其中有两个重要的原因：一是它能寓变化于整齐之中。过于强调整齐的形体，就易流于呆板单调；而变化太多的形体，也会流于散漫杂乱。由于它整齐，显示其秩序；由于它变化，显示其活跃。两者相互依存、衬托，辩证地统一于艺术的整体之中。二是它能使人产生快感。这是因为在人们的潜意识中有着一种符合黄金分割的比例，它是产生快感的来源，这就是长短边之间以及长短边之和与长边之间具有相同的比值。

设计版面的文章形状时，编辑会自觉不自觉地运用黄金分割律。在不损害内容的前提下，一般都把题文排成比例为 2 比 3 或 3 比 5 的矩形。文章横向排列越宽，其纵向跨度也越高，并能保持符合美学原理的比例。

正确地运用比例还表现在留白方面，在版面上要坚持按比例在不相关元素之间，比在相关元素之间留有更多的空白。

同样，对图片的处理也应当保持一定的比例关系。首先，照片要同版面成比例。版面上的主要图片几乎超过半个版，因此它与版面形状的比例关系就显得十分重要。对开大报和四开小报就需要有不同尺寸的照片，甚至"瘦身报"也要有不同规格的照片。其次，照片之间的大小也要成比例。一张大照片再配上几张小照片，那么这张大照片看起来就比它本身更大。陪衬的小照片越小，主照片就越大。这几张大小图片应保持相同比例的规格，使读者的视觉感受保持协调。

四、变　化

变化的主要目的是为了避免版面的单调和死板。

变化就是要造成一种动势，也就是要有一种强烈的“吸引力”的形式。一个版面通常有几个焦点或单个焦点，所有其他因素在视觉上都给这些焦点以视觉支持。读者在看版面的时候，因为他的眼睛无法一下子看见每一个事物，所以编辑要学会营造动势，调动读者的视觉趣味。调动视觉趣味一般可以采用组割方式，如黄金分割、井形分割、十字分割等。利用有“生命力”的照片，以及利用多变的编辑符号、手段，如版面上向右上角升腾的斜线以及一些有活动感的花边等，都是造势的有效方法。

当然，变化的最主要的方面还是在排版时布局结构的两种主要形式：排列和穿插。根据排版需要，经常性地合并使用，以使版面更好地体现变化统一原则，充分体现变化统一的美。

五、统　一

统一是视觉设计的整体法则。它是指作品的内在各要素构成完整，传达的信息丰富，各要素的关系构架合理而完善。就版面设计而言，统一性有两个标准：第一，版面上各个组合的内容和形式必须统一；第二，报纸自身的各个部分之间必须统一。编辑就是按照这两个标准来统一版面的。

从广义上说，统一就是这样一种艺术：要让报纸的所有部分和所有栏目看上去是个整体。同时，各个部分又各有其不同的个性。印刷媒体的统一性不是要求各个元素种类相同，而是要求各个栏目之间要一脉相承。对此，我们可以通过运用同一种字体的标题而变化其他元素来达到目的。还有一种方法是运用两种和谐的基本字体，一种用做标题字体，另一种用做文章字体。

报纸的统一性就是专辑的标识和专栏的刊头从头到尾都具有统一性。如果报纸太厚，那么刊头可以按不同的门类逐一分叠变化，但同一个门类的刊头是固定不变的。这种统一性是来自印刷媒体的一套规范，很少有例外的。在行与行之间、标题与署名之间、署名与正文之间的距离要始终如一。要做到这一切，其实并不复杂。现在有很多报纸都采用设计样本来保证报纸的统一性。

版面要打扮得很漂亮、得体，引人注目，在形式美上要注意“七要”：

1. 要醒目。指的是分明、突出，大小有序、主次有别，给人以清晰而强烈的印象，是“晴川历历汉阳树”，不是“老年花似雾中看”。

2. 要均匀。指的是平衡、稳定，黑白有节、疏密有致，不畸重畸轻上下不稳、左右不平，要匀称而不死板，错落而有法度。

3. 要和谐。指的是统一、协调。“同声相应，异声相从”。同而不死，异而不乱。不是不伦不类，非驴非马。而是“如乐之合，无所不谐”。“欲把西湖比西子，淡妆浓抹总相宜”。

4. 要美观。指的是漂亮、好看，光彩照人，有吸引力、有感染力，如同欣赏名画，能触发人们美好的情思，赏心悦目、沁人心脾，获得美的享受。

5. 要大方。指的是端正、庄重、适合，正而不板、美而不妖，“着粉则太白，施朱则太赤”，一脸正气，落落大方。既不是穿红着绿，满头珠翠，小家子气；也不是蓬头垢面，瘦骨伶仃，一副寒酸相。

6. 要新颖。指的是新鲜、别致，敢于创新，敢于突破，别开生面，别有风味和情趣。不是“年年岁岁花相似”，要使人看后眼目清凉，感觉一新。

7. 要多变。指的是变幻、变异，千姿百态、花样翻新，不固定一个框子，不死守一种格式，“苟日新，日日新”。要像“春天孩儿脸，一天变三变”。

版面的美化，要“看菜吃饭”，“量体裁衣”。有的版面要大方，有的版面要活泼；有的版面要喜气洋溢，有的版面要严肃庄重；有的版面要鲜艳，有的版面要朴素；有的版面要“眉清目秀”，有的版面要“浓眉大眼”，甚至要“吹胡子、瞪眼睛”。总之，要视报纸的性质和稿件内容及宣传的需要而定。

第九节　版面的主要技术要求

版面的编排，有严格的技术要求。美化版面时，编辑一定不能犯“忌”，一定要遵守以下几点主要技术要求。

一、不能碰题

版面上的各个标题，要尽量通过文字、图片和其他装饰物将其隔开，不要相碰。横标题不要横在一行，直标题不要再直在一列。左右、上下相碰，尤为难看。两个标题相碰时，无论是横题或直题，都要注意避免，可采用一横题和一直题或一横题和一中心题，一直题和一元宝题等办法来解决。

同理，凡是属“黑”的东西如照片、图画、装饰物及题花等，一般也要注意不能相碰。

二、轻重要均匀

轻重均匀，也叫黑白均匀。在版面上，照片、图画、标题、题花、脚花、牌子、装饰等，属“黑”、“重”；新闻文字空白地方，栏距和行距等，属“白”、“轻”。在编排时，要注意黑白均匀，轻重平衡，属“重”、“黑”的照片、图画、标题等，要适当岔开，不要在一处、一边、一角，使版面失去平稳感，让读者看了不舒服。一般除画刊外，通常不要做圆形或三角形的图形；漫画、插图等，如属大空大白的，最好加个边框。有时版面上只要有一张图片放置的地位不当，就会影响视觉效果。有时版面看来将失去平衡，只要补上一张图片，甚至一个小题花，便能立即挽回“危局”。

三、题文排列要多样化

文字排列要有长有短。都是短栏不好，都是长栏也不好。

一个版面内可以排基本栏、长栏，也可以破栏。以文一、文二为主（文一为“短栏”，文二以上称“长栏”），也可排文三作二、文四作三、文五作二、文五作四……

长栏文字最长不要超过三栏，否则阅读就不方便，特别是转行阅读时找不到下文，排列起来也不好看。

在不妨碍内容的情况下，文字排列的字体、字号，可适当作些变化。如：新闻稿排宋体，评论文章排楷体，编者按排黑体；一般文章排新五号，重要文章排老五号等。

标题排列也要多样化，都是横题不好，都是直题也不好，要互相调节。横排报纸，应以横题为主，辅以直题；直排报纸，应以直题为主，辅以横题。题式中，可多用宝塔题、梯形题、元宝题、中心题、头脚题等，也可以交叉运用。以显得生动活泼。

标题的字体、字号，可运用得丰富多彩些。宋体、楷体、黑体、隶体、书写体、美术体和各种字号，可根据稿件内容和质量，分别掺杂运用。

题文排列，可横直排交叉配合，以横题横文（指横排报纸）为主，适当穿插直题横文、横题直文、直题直文。

上述题文排列，要有通盘打算，尽量在发稿时就要做到心中有数，不要到画版或拼版时才调整。

四、要避免“断栏”、“通线”

版面，不仅在内容上是一个“整体”，在形式上也应是一个“整体”。为此，在确定题文排列时，要尽量注意避免“断栏”或“通线”。所谓“断栏”，即从左到右把所有的栏都打通连接起来。特别要注意不要把版面切成好几块，像“三夹板”。所谓“通线”，即从上到下把所有的行都打通连接起来。切断一块，已很难看，像“长通道”、“长弄堂”，切成几块，就更不像样了。

“断栏”和“通线”都破坏了版面形式上的完整性，破坏了版面的形式美。

遇到这种情况时，可采取破栏、穿插短文章、垫图片、加花框来改变文章位置等办法，使“上通下不通，左断右不断”，制造各种“路障”，让“此路不通”。

五、要大、中、小稿件相结合

如条件许可，版面上的稿件应尽量做到大、中、小相结合。都是篇幅长的文章，版面容易显得呆板；都是篇幅短小的文章，版面又易流于琐碎。如果一个版面就是一两篇稿件，通常都采用加题图、插图的办法，加以短化。如果短篇稿件很多，通常采用编组、集纳的办法，用大标题或专栏把零散的短篇幅稿件组织起来加以强化。

所谓大、中、小相结合，篇幅长的稿件一两篇即够，以篇幅中短稿件为主，其中短篇稿尤应多些。如果说对开报纸版面篇幅长稿件稍多一些还无伤大雅的话，那么，四开报纸版面的篇幅长的稿件应切忌多，否则，版面是非常难看的。

六、要图文并茂

每个版面，最好都有两三幅图片。这样既增加了花色品种，又美化了版面，才是真正做到了图文并茂。

安排图片时，要特别注意图片的线条走向，如把一幅向右看的人物图片，安排在版面的右边边缘就会分散版面的中心，分散读者的视线。

图片也可大可小，一些好图片，应不惜版面，放大篇幅，不妨做到三至四栏宽。

七、要善于运用花线、花框、题脚花

花线、花框、题脚花，对美化版面很有好处。

花线，既做装饰用，又做隔开两篇稿件的栏线用。粗黑线用于丧事，粗花边用于喜事，一般花线用做围框美化，都能发挥一“线”之长，十分有用，可使版面显得清爽、明净。

花框在版面上运用得很多。特别是小报，一个版面上如有两篇加框稿件，不仅美观，而且便于画版、拼版。

无论大小报，特别是副刊，加一点题花或脚花做装饰，可美化版面，增强视觉效果，有时还可调节版面平衡。但要注意题花或脚花与稿件内容要相符，切忌花花草草，表里不符。

八、要以方块为主，适当拐弯

通常情况下，稿件排列要以方块（指各类长方块、扁方块等）为主，这样做出来的版面显得比较平稳，有厚重感，也便于阅读。当然，也可适当拐弯，但不宜太多，尤其应避免对角大拐弯，“九溪十八涧”，这样会增加读者阅读时的困难。

拐弯也要符合规格，线路分明。切忌从底线上回顶线，切忌从右面往左面转行（指横排报纸，直排报纸同此理），也切忌从“绝缘体”（指标题、图片把上下文或左右文全部切断）一方飞跃到另一方。

九、要适当运用色彩

碰到节日或重大喜庆事件时，可以套红，以增加欢乐气氛。如宣传绿化时，可以套绿，烘托主题，增加美感。但要注意，色彩不宜滥用，以防止喧宾夺主。

十、要不断创新

版面的美化，不是只一天或一个版面的事情，而是长期奋斗的目标。不能只注重某一天的版面有新意，还要考虑每天的版面有新意。要使读者每天打开报纸，都能感觉到版面焕然一新，富有吸引人的魅力。版面如何创新？本书将辟出专章详述。

第十节　组版的程序与技巧

组版，有其特有的程序与技巧，编辑画版时应牢牢遵循。其主要程序和技巧有如下几条。

一、掌握画版顺序

1. 按稿件的重要程度，由重到轻地画。即：先把稿件按重要性大小排出顺序，然后按照区序理论和稿件之间的联系，逐一安排。

2. 根据稿件篇幅的长短，兼顾其重要程度，先安排长稿，后安排短稿。一般来说，短稿占用面积较小，容易安排，而长稿占地方较多，体态笨重，对版面的整体平衡起着重要作用，安排时难度较大。长稿如安排得当，短稿就容易安排了。

3. 根据稿件的敏感程度，先把内容敏感、感情色彩微妙的稿件安排到恰当的位置，再安排其他稿件。例如，有的稿件有特殊背景，不登不行，登得太高太低也不行。首先得把这样的稿件安排妥当，再处理其他可高可低的稿件。

4. 根据稿件的刚柔程度，先画字数不能增减（如重要文件）或形状不能改变（如专栏）的刚性稿件，再安排字数可增可减、形状可以改变的柔性稿件。

5. 先图后文，即先确定图片的位置，再安排文字稿。在版面上，图片给人的视觉冲击力很强。图片分布不合理，会破坏版面的整体平衡和节奏。图片的位置、大小都安排得当，剩余空间又大致合乎文字稿的需要，这种版就很容易安排了。

二、计算行数或字数

组版思想明确后，接下来的工作就是通读全部稿件，确定见报的全部稿件。

此外，还要调整标题大小、题文关系，考虑是否临时需要其他稿件或图片的配合，考虑版面的大致轮廓、计算篇幅等。

通常情况下，稿件文字与标题、插图、照片等所占版面的比例，以4∶1左右为宜。

三、画版样

完成设计版面的准备工作以后，就可以着手画版样了。版样是具体体现编辑组版意图的蓝图。版样确定后，激光照排室就可以根据这张蓝图进行组版工作。

现在我国一些报纸开始实行由编辑直接在电脑上进行版面设计的做法。在此种情况下，编辑往往只需在心中对版面有大体安排或只在版样纸上进行大体设计即可。但是，目前我国多数报纸设计版面和电脑操作依然是分别由编辑和激光照排操作人员共同负责的，这就要求编辑画的版样必须规范。

版样是编辑所画的报纸版面的设计图，是编辑组版思想的具体表现。它如工厂中产品的图纸，拼版工人要据此拼出报纸的正式版面来。

版样有四种画法：一是画在原张的废旧报纸（该报社的报纸）上；二是画在原张大的版样纸上；三是画在按比例缩小的袖珍版样纸上；四是直接画在电脑上。

四、结　尾

画好版样后，编辑最好到美编室与美术编辑一起随时调整和修改不准确的版面结构，以保证质量，保证报纸的出版时间。

此外，编辑还要认真看大样和清样，包括在大样上作必要的修改，直到值班总编辑或编辑组长签字付印后，组版工作才算结束。

因为组版过程中常有变动，所以编辑要有高度的组织纪律性，及时请示相关领导进行调整。版面拼好后，要认真复核，保证质量，消灭差错。在整个组版过程中，还要注意多与兄弟版面、兄弟报纸的同事、同行以及美编联系、协商。

第十一章　版面的类型、流派与风格

版面的类型、流派、风格虽是三个不同的概念，但都有着一定的联系。一张报纸，如果版面类型不丰富，版面缺少生气，再加之内容不吸引人，是很难形成流派与风格的。而办报，如果最终未形成流派与风格，都算未成功。因此，重视版面类型的多样化，且重视向读者提供健康有益的精神食粮，逐步使报纸形成流派、风格，这应成为每一个报人永恒的追求。

第一节　版面的类型

我国报纸版式的变化比西方国家报纸更加复杂，因为中文字符是方块汉字，可以横排也可以竖排，会对版式产生很大影响。而决定版式的主要因素是稿件的组合与布局结构。由于稿件的组合与布局通常要根据内容的需要而定，因此我国报纸版式长期以来处于变动之中，每天的版面因内容不同而版式不同的情况比较普遍。可以这样说，版面类型丰富多彩是我国报纸的一大特色。在此方面，我们要不断地继承发扬和开拓创新。

我国的报纸版面如果从三方面分类，可具体分为十二种类型。需要说明的是，这三种分类方法划分出的类型是可以交叉并用的，如综合式可与规则对称式并用，也可以与非规则对称式并用；集中式可以与非规则对称式并用，也可以与齐列式并用等等。为了学习的方便，我们将对这些版式分别进行介绍。

一、从内容编排的不同特征分类

根据内容编排上的不同特征，可以将我国报纸版面分为五个基本类型，即：综合式、重点式、对比式、集中式、连续式。

1. 综合式版面。这种类型的版面特征是，整个版面所包含的稿件比较多，它们之间虽然也有主次之分，但并不特别强调这种区分。也就是说，在强势的运用上，稿件之间的差别并不很大。它不是着意引导读者去特别注意版面上某一特定的内容，而是以版面内容的丰富多彩去吸引读者，让读者根据自己的兴趣去判断、选择。当版面的内容比较多、比较分散，而且并没有特别重要的内容需要强调时，一般采用这种版面。这种版面的运用是常见的。

运用这种版面类型，在具体安排上要注意，不能只重视版面的“上左”或

“上右”两个最重要的版区，应借助于比较大的标题来取得相对的强势，以求得整个版面的匀称。此外，正因这种版面的内容比较多，比较分散，因此要特别注意版面的组合，要尽量把内容接近的稿件编排在一起，使版面做到虽散而不乱。

2. 重点式版面。这种类型的版面特征是，特别强调版面的某一局部，把这一局部作为版面的重点。一般全版只有一个重点，有时也有两个重点。读者看这种版面，首先会被这些重点吸引，然后再去注意其他部分。当版面有一两篇或一组稿件特别重要，需要在版面上予以强调时，往往采用这种版面。这种版面的运用也是比较常见的。运用重点式版面时，在版面编排上要特别注意以下几个方面：

（1）要赋予重点稿件相对的强势。根据版面的特点，“上左”或“上右”即是最具有强势的版区，是首先受到读者注意的部位。作为重点的稿件就应该安排在这些位置。此外，标题不仅要写得生动，而且要醒目，如排长栏，采用比较大的字号等。还可以适当采用栏的变化和线条的运用来突出重点。

（2）要注意版面其他部分对重点的烘托。要突出版面的重点，不仅要注意加强重点本身的强势，而且也要适当减弱版面其他部分的强势，如缩小标题，不采用或少采用变栏、线条等。有抑才有扬，有烘托才有重点。如果版面其他部分也很突出，甚至喧宾夺主，重点就必然会被淹没，甚至被转移。

（3）如果全版只有一个重点，可以利用上半版；如果有两个重点，可以采取对称的方法来进行安排。如把一个重点安排在“上左”，把另一个重点安排在“上右”；一个重点安排在上半版，另一个重点安排在下半版。

3. 对比式版面。其特点是占版面主要篇幅的是两篇、两组或两幅在内容上有矛盾性质的稿件或图片。在版面上表现出强烈的对比性。

这种矛盾的性质包括：正确与错误、先进与落后、繁荣与衰退、和平与侵略、新与旧等。将它们对比编排，目的是使矛盾暴露得更加清楚，使褒贬更加鲜明。

对比式版面的具体形式有三种：第一种是以整组稿件为单位进行对比。第二种是每篇稿件逐一进行对比。第三种是整组图片之间或单幅图片之间进行对比。运用对比式版面，在具体编排上要特别注意以下几个方面：

（1）要把对比的稿件或图片通过恰当的编排组合在一起，使读者自然地把对比的稿件或图片当做一组稿件来阅读。具体的做法是：利用空间组合的原理将对比的稿件或图片结合在一起，或利用线条将它们连接在一起。

（2）版面要褒贬分明。对比是具有强烈的倾向性的。对比的目的总是为了肯定一方，否定一方或引起追忆。因此，版面安排既要注意组合，又要注意区别。肯定的一方在版面上要占较大的强势，处于主导地位。例如，采用对角对称的方式来进行对比，则肯定的一方要居上半版，否定的一方要居下半版，字号大小也应有所区别。如果是用图片进行对比，则正面的图片幅面应大于反面的图片。正面的图片应居位置的上方，反面的应居下方。

当然也有这样的情况：由于种种复杂的原因，不宜在版面编排上直接表现褒贬，而将对比的双方采取相同的编排方法，让读者自己去判断谁是谁非，但这种情况比较少，不能作为通例。

4. 集中式版面。其主要是用一个整版或一个版面的主要部分来报道同一个主题。其往往是重大的主题，是国际或国内重大事件等。这种版面内容集中，具有较大的声势，给人的印象比较强烈，但主题单一，只能在必要时才采用。如果用得太多，不仅会造成其他版面拥挤，而且读者司空见惯，也就失去了应有的效力。

运用集中式版面，在具体编排时要注意以下两个方面：第一，主题要单一，内容体裁要多样。第二，要注意版面的统一（常采用大标题来统领全版）。

5. 连续式版面。主要是对某个专题进行连续报道。位置相对固定，读者一眼便能看到。这种连续式版面可以是一个整版，也可以是一个专栏。如小说连载、连续报道、持续评论等。

该版（如图 11－1）共有 10 篇稿件、3 张图片，虽然有头条，但稿件的轻重差别在版面上并不被强调，整个版面比较均匀。

案例　综合式版面

人民日报

RENMIN RIBAO

“平民校长”姚止平

三峡大坝旅游人数创新高

青海改善农牧区卫生服务

云南2007年造林560万亩

“雪龙”号到达南极长城站

叫响“东北创造”

图 11－1　综合式版面

该版（如图 11-1）共有 10 篇稿件、3 张图片，虽然有头条，但稿件的轻重差别在版面上并不被强调，整个版面比较均匀。

该版（如图 11－2）头条是版面的重点，采用了配双照片的方式进行强调，标题做成三行，而且主题的字体、字号也比其他稿件的标题要醒目得多。

案例　重点式版面

人民日报

RENMIN RIBAO

胡锦涛赶赴四川地震灾区指导抗震救灾工作

弃车徒步察灾情　走进帐篷问伤痛

胡锦涛前往四川重灾区北川县看望受灾群众

胡锦涛在绵阳一线主持召开会议

与温家宝共同研究部署抗震救灾工作

吴邦国会见塞舌尔国民议会副议长

举全国之力把抗震救灾工作进行到底

图 11－2　重点式版面

该版（如图 11－2）头条是版面的重点，采用了配双照片的方式进行强调，标题做成三行，而且主题的字体字号也比其他稿件的标题都要醒目得多。

该版（如图 11－3）采用的是图片对比方式。上面两幅图片是四川汶川大地震前的上书院钟楼；下面一幅图片是震后的上书院钟楼。震前震后的图片一对比，大地震对震区的破坏程度便一目了然了。

案例　对比式版面

汶川地震特别报道

文物虽毁，文脉不绝

史择洪老师的眼睛

百岁上书院，挺住

图 11－3　对比式版面

该版（如图 11－3）采用的是图片对比方式。图片上是四川汶川大地震前的上书院钟楼；图片下是震后的上书院钟楼。震前震后图片一对比，其大地震的破坏程度便一目了然了。

该版（如图 11－4）围绕北京奥运火炬在世界旅游名城丽江传递这一报道主题，集中了 2 篇文字稿件、8 张新闻图片，文图均属同一主题。

案例　集中式版面

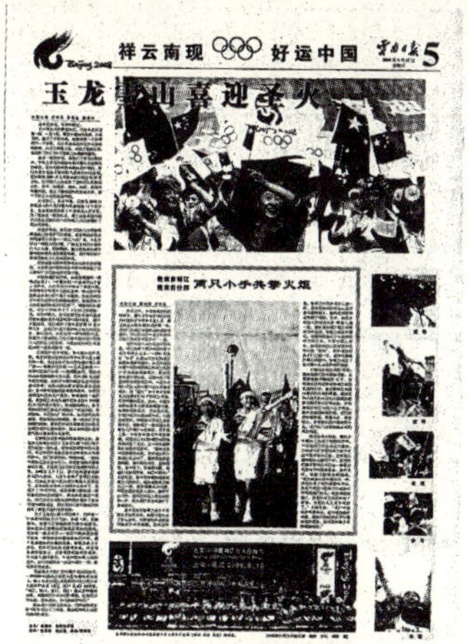
祥云南现　好运中国
玉龙雪山喜迎圣火

图 11－4　集中式版面

该版（如图 11－4）围绕北京奥运火炬在世界旅游名城丽江传递这一报道主题，集中了 2 篇文字稿件、8 张新闻图片，文图均属同一主题。较有感染力地隆重地表现了其主题。

该版（如图 11－5 和 11－6）在“抗震救灾英雄谱”栏目中，连续两天报道了四川汶川大地震中的抗震英雄，读后使人备受鼓舞和教育。

案例　连续式版面①

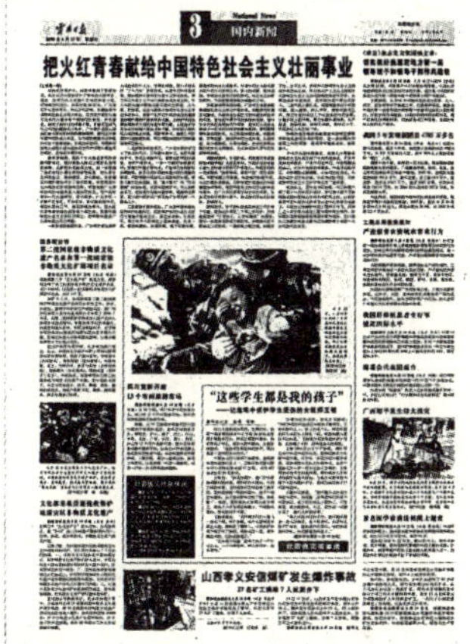
国内新闻
把火红青春献给中国特色社会主义壮丽事业
“这些学生都是我的孩子”
山西孝义安信煤矿发生爆炸事故

图 11－5　连续式版面（1）

该版（如图 11－5 和 11－6）在“抗震救灾英雄谱”栏目中，连续两天报道了四川汶川大地震中的抗震英雄，读后使人备受鼓舞和教育。

案例　连续式版面②

3 国内新闻

全国宣传部长座谈会召开

众志成城

脱掉孝衣为群众

云南锡业职业技术学院2008年招生简章

图 11 -6　连续式版面（2）

二、从版面结构形式的不同分类

如果根据版面结构形式上的不同特征进行分类，我国报纸版面可分为两种基本类型，即：规则对称式、非规则对称式。

1. 规则对称式版面。规则对称的主要特征是讲究版面的左右对称。对称的形式是工整的、完全的，是一种同形的、等量的对称。这种版面以版面的垂直的均分线为中轴线，左右两侧安排对称的稿件，稿件的长短和标题的大小完全相同。

规则对称的优点是匀称、整齐。一组内容上有关联的稿件，采用规则对称的编排方法，也有助于揭示稿件之间的特殊联系，能取得比较好的宣传效果。规则对称的缺点是：版式对内容的限制较大。报纸上各篇稿件在内容和意义上是不可能相同的，因而篇幅的长短、标题的大小往往也很难完全一致，而规则对称却要求对称的双方是同形的、等量的。为了符合这种要求，有时就不得不削足适履，让内容去迁就形式。例如，不适当的删节或不适当的拉长稿子，让重要性不完全相同的稿子采用同样大小的标题等，这样做显然是不恰当的。此外，由于要对称，左右两边都不可能容纳三栏以上的横标题，而直标题又不能求得对称，这样就较难表现重大的新闻。所以，规则对称一般都在里页采用，在要闻版采用较少。规划对称的另一个缺点是缺少变化，容易失之于呆板。因此，规则对称不宜滥用。

2. 非规则对称式版面。非规则对称的主要特征是：不只是讲求版面的左右对称，而是讲求整个版面的对称。对称的形式是不工整、不完全的，是一种异形、不等量的对称。非规则对称由于不拘泥于左右对称，不拘泥于对称的同形、等量，在对称中有变化，在变化中形成对比，对称和对比相结合，因而匀称而生动。这种版面适应性也较强，它能使不同的稿件在版面上表现出不同的强势，又能使整个版面显得均衡。因而非规则对称是目前我国报纸普遍采用的一种主要编排方法。非规则对称的常见形式有：对角对称和上下对称。

（1）对角对称式版面，就是利用版面四个角的对应关系来进行对称。如分别把“上左”和“下右”、“上右”和“下左”同时对称起来，以求得版面的均衡。对角对称这种形式比较灵活。首先它对内容没有很多限制，一般情况下，各种内容的稿件都可采取对角对称的版面形式。其次，它是在四角进行对称，比之左右对称可以有较多的变化。因而在非规则对称中，对角对称又是用得最多的一种方法。

（2）上下对称式版面，就是利用版面上半版与下半版的对应关系来进行对称。例如，上半版和下半版均放通栏题，或上半版放通栏题，下半版辟专栏等。

由于采用通栏题的情况不很多，因此，上下对称的形式并不经常采用。

如图 11－7 为左右对称，左半版与右半版的文字稿件篇幅、样式、数量、标题结构、字数、字体和字号完全一样，形成了完全对称的版面结构。

案例　规则对称式版面

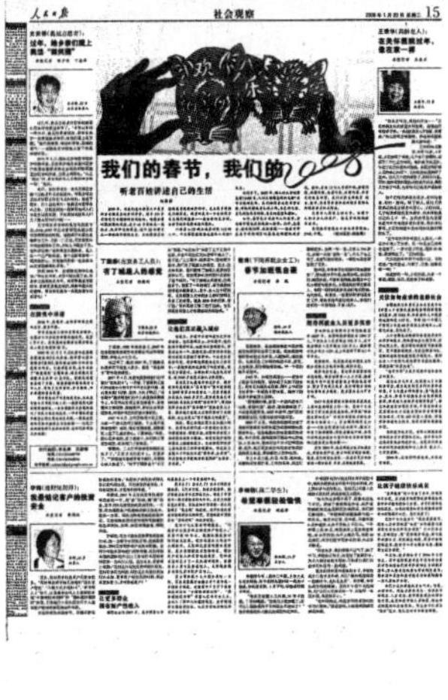
人民日报　社会观察　15

我们的春节，我们的2008

该版（如 11-7）左右对称，左半版与右半版的文字稿件篇幅、样式、数量、标题结构、字数、字体字号完全一样，形成了完全对称的版面结构。

图 11－7　规则对称式版面

如图 11－8 为左上角与右下角、右上角与左下角的两组新闻稿件形成了版面的两个对角对称。

案例　非规则对称式版面之一

再难再险也要把群众救出来

“你是咱铁路人的骄傲”

刘怡雪 “我们会笑着站到最后”

与死神争夺生命

张强 扛起同学冲下楼

图 11 -8　对角对称式版面

该版（如图 11-8）左上角与右下角、右上角与左下角的两组新闻稿件形成了版面的两个对角对称。

如图 11 -9 虽都属同一主题稿件，但由于上 2/3 版稿件内容十分重要，下 1/3 版稿件内容相对次要，故形成版面的上下对称。

案例　非规则对称式版面之二

人民日报

RENMIN RIBAO

国旗半垂　汽笛长鸣　山河齐哀　举国同悲

全国各地各族群众深切哀悼四川汶川大地震遇难同胞

胡锦涛江泽民吴邦国温家宝贾庆林李长春习近平李克强贺国强周永康

深切哀悼四川汶川大地震遇难同胞

温家宝主持召开国务院抗震救灾总指挥部第十次会议

要求继续做好人员抢救、灾区防疫和善后处理工作

习近平赴陕西省地震重灾区指导抗震救灾工作

李克强在四川地震灾区指导协调救援防灾工作

强调安置好灾区群众生活，严防次生灾害

贺国强赶赴重庆地震灾区慰问灾区干部群众指导抗震救灾工作

悲痛中凝聚不屈的力量

图 11 -9　上下对称式版面

该版（如图 11-9）虽都属同一主题稿件，但由于上 2/3 版稿件内容十分重要，下 1/3 版稿件内容相对次要，故形成版面的上下对称

三、从版面构图形状的不同特征分类

如果按版面构图形状的不同特征进行分类，我国报纸版式有三种基本形式：穿插式、排列式、穿插与排列混合式。

（一）穿插式版面

穿插的布局结构方法，就是稿件的整体在版面中呈四边形以上的多边形，稿件与稿件不是重叠的，而是穿插的，即稿件与稿件是相互咬合在一起的。它的长处是：稿件与稿件错落有致，版面有较多的变化，比较生动。另外，稿件经过几次穿插，露头藏尾，长稿可以化短，避免臃肿。短处是：由于转折较多，组版比较困难，阅读也不如排列式方便。

稿件有穿插与被穿插之分。一篇稿件可以只被一篇稿件穿插，也可以被多篇稿件穿插。前者是一次性穿插，后者是多次性穿插。一篇稿件如果穿插在另一篇稿件之中而自身不被其他稿件穿插，是单层穿插。如果自身也被其他稿件穿插，则是多层穿插。

穿插的稿件与被穿插的稿件，在内容上可以是同一的，也可以不是同一的。前者是同类稿件穿插，后者则是异类稿件穿插。同类稿件穿插比较自由，可以穿插在文字的边缘或中间；而异类稿件穿插，一般只能穿插在文字的边缘，而不能穿插在文字的中间。否则，会破坏版面的统一，并造成阅读的困难。

（二）排列式版面

排列式的布局结构方法，就是整篇稿件排得比较整齐，稿件的整体在版面中呈规则的四边形，稿件与稿件相互重叠。它的长处是端庄、自然，读者阅读比较方便；短处是容易形成版面的块状。排列的稿件过多，如果缺少必要的变化，版面会显得呆板。

我国报纸长时期更多采用的是穿插式的布局结构方法。改革开放以后，报纸进行新闻改革，一些报纸寻求版式的突破，开始采用排列式的布局结构方法。《解放军报》在1986年8月1日改版，采用了排列式布局结构方法，是我国最早采用此种布局结构方法的报纸之一。采用此种布局结构方法，版面显得整齐、统一、有序，与解放军军风、军纪颇为吻合，因而很适合《解放军报》的特点。

自此以后，我国报纸采用排列式版面的报纸越来越多，因此排列式被认为是一种现代版式。此种版式被广泛运用，除了上述它自身的长处外，还有一些原因：它以四边形的形状排列稿件，更适合电脑的操作；它讲求稿件间整体的错落，而不是讲求曲折多变，也比较适合现代人特别是青少年的审美取向。此外，我国报纸长期采用的是穿插式版式，求变、求新、求好也是此种版式成为一种现代版式的不可忽视的重要心理因素。

排列式版式可以有多种表现形式，其最基本的有两类：

1. 齐列式版面。

这种版面一般采取排列的编排方法，各篇稿件在标题、图片、线条、装饰等的运用上，都采用相同或相似的形式，变化较少。因而，整齐统一就成为这种版面的显著特点。

这种版面适宜于表现内容上具有共同性，而又不需要或者不应该强调在重要性上的差别的稿件。

2. 整体错落式版面。

整体错落式版式的特点是：版面的栏线被隔断，稿件呈大小不同的矩形，错落有致。整齐而有变化是此种版式的重要审美特征。

如果版面采用整体错落式版式，而大小不等的每篇稿件又围以线条作为轮廓，整个版面不仅显得更有秩序，且会显示出一种几何形的结构美。我国一些报纸副刊就常采用此种版面形式。

（三）穿插与排列混合式版面

即一块版面既采用穿插式又采用排列式。采用混合式的长处是：组版比较灵活，可以依据稿件的内容和体裁以及版面的具体情况，在版面上赋予稿件一定的强势。此外，还可利用穿插和排列二者的长处。如对长稿进行穿插，可使长稿化短，而在同版上又将几则简明的短稿依次排列，可使版面变得更为有序等。当然，混合式也不可避免地有它的短处，这就是版面的统一感相对说来较弱。目前我国采用穿插与排列混合式的报纸版面较多。

如图 11－10 有一篇长稿件，它被一篇短稿件和一张图片分别穿插后，整个版面就不会显得冗长，且生动活泼。

案例　穿插式版面

该版（如图 11-10）有一篇长稿件，它被一篇短稿件和一张图片分别穿插后，整个版面就开始显得不冗长，且生动活泼起来。

图 11－10　穿插式版面

如图 11－11，以统一的方式编排了介绍抗雨雪冰冻灾害的先进个人事迹的 12 篇稿件，形成了齐列式版面。

案例　排列式版面之一

抗击冰雪　心系人民

——抗雨雪冰冻灾害先进事迹报告团发言摘登

没有除不了的冰　没有打不通的路

把爱写在冰雪旅途

写在"生命线"上的忠诚

把对党和人民的忠诚镌刻在冰雪苗岭

发挥科技优势　点亮万家灯火

责任重于一切

紧急大空运　"天路"显真情

我和绿丝带的故事

为了222个"冰雪宝宝"

战斗在冰雪路上

他用热血融化冰雪

接1163名农民工兄弟姐妹回家

该版（如图 11–11）以统一的方式编排了介绍抗雨雪冰冻灾害先进个人事迹的 12 篇稿件，形成了齐列式版面。

图 11－11　齐列式版面

如图 11－12，呈矩形的 8 篇大小不同的稿件，错落有致，显示了结构美、韵律美。

案例　排列式版面之二

光明日报

GUANGMING DAILY

温家宝主持召开国务院第十一次全体会议

讨论《政府工作报告（征求意见稿）》

长沙让文化紧贴百姓生活

体制机制创新激发文化发展活力

——我国文化体制改革取得实质性进展

两院院士评选出二〇〇七年中国和世界十大科技进展新闻

乌鲁木齐市小学让寒假作业走出课本

江苏　掀起自主创新新浪潮

辽宁"农民讲坛"滋润农民心田

重庆　贴近民生讲好"三件事"

该版（如图 11–12）呈矩形的 8 篇大小不同的稿件，错落有致，显示出了结构美、韵律美。

图 11－12　整体错落式版面

如图 11－13，有穿插，也有排列，整个版面显得既严谨又大方。

任何困难都难不倒英雄的中国人民

在改革开放中推进反腐倡廉建设

只有改革开放才能发展中国

理论

该版（如图 11–13）有穿插，也有排列，整个版面显得既严谨，又大方。

图 11－13　穿插与排列混合式版面

第二节　报纸的流派

所谓流派，主要是指学术思想或文艺创作方面的派别。报纸的流派，则是指办报思想与办报风格的不同类型。它是通过内容与形式两方面体现出来的。具体来说，就是通过新闻选择、言论定位、图片运用、标题制作、版式设计等体现出不同的特色。

以内容或格调为依据，报纸流派可以划分为：严肃性报纸、通俗性报纸以及居于两者之间的中间性报纸。《人民日报》等中央和省级党报等基本上可归入第一类（即严肃性报纸）；晚报、早报、都市报及生活服务类等报纸，多数可归入第二类（即通俗性报纸）；各种专业类报纸等一般可归入第三类（即中间性报纸）。从目前的情况看，第三类报纸大有迅速蔓延的趋势。一是这类报纸在不断诞生；二是别的类型的报纸也在向它靠拢。不光第二类报纸向它靠拢，就连第一类报纸，如有的省级党委机关报，也在向它靠拢。

此外，如果按地域概念划分，目前我国的报纸可划分为：京派、海派、港派。其各自普遍特点是：京派重言论、海派重新闻、港派重包装。当然，这三种报纸流派的特点虽各有偏重，但在实际办报中，其各自特点都是互有兼容的。

专家普遍认为，流派的确立应当具备以下条件：一是有几家风格一致或相近的代表性的报纸；二是这些报纸有共同或相近的个性特征；三是有较广泛的影响，形成范围不等的群体或代表一种潮流和趋势。目前，我国报纸流派日渐形成，这是我国报业兴旺发达的重要标志。而更多报纸流派的形成，必将促使我国报业春天的早日到来。

第三节　版面的风格

什么叫版面风格？顾名思义，它指的是报纸版面的风度与品格。它是报纸从内容到形式的综合反映，自然也是对办报人的风度与品格的反映。

版面风格是多种多样、丰富多彩的，即使是同一种流派的报纸，版面风格也有很多差异。比如，被称为“京派”报纸或“严肃性报纸”的几家大报就各有特点。

《人民日报》的版面风格，根据现有的资料，见诸文字的主要有这样两种：

1. 《人民日报》自己的表述：“改进版面工作，努力创造一种严肃大方、朴素活泼而又具有民族风格的版面形式。”

2. 中国人民大学新闻学教授郑兴东等的表述：“当人们感受到《人民日报》版面的庄重的时候，难道不也会同时感受到该报内在的一些特征吗？”

近年来，该报几位主要领导同志在各种场合对《人民日报》的版面风格进行表述时，基本上都采用“庄重、大方”这一概念。有的使用另外一些概念，如“庄重、朴实、端庄”，“庄重、朴实、规范”等等。可见，人们对《人民日报》版面风格的认识，已形成基本的共识。

实践证明，一份报纸版面风格的形成，主要取决于以下五个主要因素：

1. 报纸性质。
2. 读者对象。
3. 稿件内容。
4. 民族特点。
5. 党报传统。

具体来说，编辑要采取何种措施，才能体现版面风格呢？我们认为，其措施主要有五条：

1. 稿件安排：突出重点，兼顾各方。
2. 文章篇幅：两极分化，长短搭配。
3. 布局结构：矩形为主，穿插为辅。
4. 新闻标题：实而准确，大而适度。
5. 图片绘画：多用善用，图文并茂。

同时，一份报纸风格的形成，有待于编辑办报时，注意体现该报纸的世界性、时代感、民族性和地域特色等。

第十二章 好版面的特点及创新

进入20世纪80年代以后，中国报业进入了一个全新的发展阶段。我国报纸逐渐引入西方报纸尤其是美国报纸的版面设计理念，越来越倾向与国际流行版式接轨。总的来说，近二十多年来我国报纸版面发生了翻天覆地的变化，好版面层出不穷，创新版面日益增多。在中国报业史上，一个真正的好报纸版面的春天正在来临。好版面作为一种文化软实力，正极大地丰富着读者的精神、文化生活。

第一节 好版面是件艺术品

好版面，是内容和形式的高度完美的统一。

好版面，像中医，讲气韵，天人合一。

中国哲学是从整合性的角度把天、地、人看成一体化的，它更为注重和谐与统一。中文报纸版面意象、风格的生成方式乃是中国“天人合一”哲学理念在排版中的具体体现。中文报纸版面的排版，同样需要和谐与统一，同样需要舒展、整洁、大方，同样需要强烈的视觉冲击力。

为什么好版面是件艺术品？

简言之：好版面充满了创造性和想象力。

换言之：版面编辑可以运用不同的表现形式，寻找不同的表现手法来呈现同一主题。

正如曾担任世界第21届新闻设计协会执行主席的大卫·比·格瑞在介绍第21届新闻设计作品评奖标准时所说的那样，金奖的评审标准是“堪称艺术品”的作品。具体要求是具有丰富的创造力，并且应该完美无瑕。银奖作品的评审标准是“超出一般意义上的优秀”的作品。具体要求是应该突破媒体的局限性。优秀奖的作品评审标准是“优秀而且令人十分满意”的作品。此类作品虽然不求完美，但必须引人注目，有所突破和创新，而在某些方面允许稍有不足。

创造性和想象力，是所有报人排版时的同一个梦想，同一种境界。没有它，一切美好的设计愿望都不可能变为现实。

在办报的实际工作中，就像报纸的风格一样，如果没有编辑的创造性与想象力，报纸将永远只能跟在同行的后面走。在激烈的行业竞争中，简单“克隆”别人的做法，只能把自己淹没在雷同化的浪潮中，而无法构建自身的风格。就报纸而言，编辑经常要思考的是：怎样用报道去把握时代的脉搏？每天将要见报的图片、文字和版面如何翻新？凭什么与对手一拼高下？对这些问题的解答，都离不开编辑的创造力与思想力。

由于好版面充满了创造性和想象力，它们让我们变得目不暇接、爱不释手。这种深层次意义上的对人的尊重，更让我们增添了几分做人的尊严感。说得更直接点，好版面是"以人为本"的思想在办报中的具体体现和最好诠释。

第二节　好版面的重要标志

什么样的报纸版面是"最佳"的？迄今为止，还没有一个单一设计作品会被称做"最佳"。但是，美国的一项针对报纸版面的研究表明：所有设计得好的版面都有一些共同特征——融合了各种不同的风格式样。《今日美国》之所以被全球广泛模仿，不是因为它是最好的，而是在于它运用了某些形式来引发读者对它的注意，而这些形式又是许多报纸编辑追求的目标。

具体说来，好版面具有如下主要标志：

一、内容至上

现代版式设计确实非常注重形象包装，但是，报业竞争归根结底还是内容的竞争。读者选择一份报纸，主要的因素是看内容，其次才是形式。美国《华尔街日报》的版式几十年不变，甚至长期不用彩色印刷，头版也不放大照片，但这些并没有影响它的权威。因此，绝不能只顾"包装"，而忽视了新闻内容的创新。

作为报纸编辑，我们应当永远牢记：内容第一，形式第二；形式永远服务于内容。而在当前形势下，作为中国的报纸，我们应当多刊登一些事关民生的"热点"、"疑点"、"难点"问题的深度报道。只有这样，我们的报纸才会真正赢得读者，才会真正有立身之本。

二、版式有创造性

现代经济，实际上是一种眼球经济。好版面既是报纸竞争的本钱，也是为其报纸本身做的一种广告。我们相信，任何报纸都不会放过这个极佳的做广告的机会。

在中国报社内部，文字编辑充任版面编辑不足为奇。近年来，这个传统在美国等西方报纸编辑理念的冲击下已逐步被打破。许多报纸启用了专门的设计公司或从美术学院、设计学院毕业的专职美编来设计，充分体现了报纸版面设计意识的加强。

在版面设计过程中，有着专业素养的美编更多地引进美国的现代设计理念来处理各种视觉元素，如注重对图像、色彩、留白的合理运用及大胆使用“新潮版式”等，排出的报纸版面自然就时尚、超前、领先。

（一）重视对图片的运用

在中国传统报纸版面上，图片少而且很小。20 世纪 80 年代中期，《中国日报》率先在头版上半版版心位置刊登超过三栏宽的大照片。到了新世纪的今天，报纸对图片的重视更是史无前例，没有图片的版面是很难以见到的。

（二）理智使用色彩和留白

中国报纸从 20 世纪 90 年代开始引进彩色版，很多报纸以“彩色化”作为读图时代竞争的主要手段。

从美术设计的专业眼光来看，一份报纸首先应确立色彩基调，以体现报纸的办报理念、市场定位及独有的神韵。确立主色调后，还要注意营造色调的变化，以活跃版面。留白也是近年来我国报纸借鉴西方报纸版式较为突出的表现。此外，报纸还借鉴杂志版面设计中的一些独到之处，对报纸版面进行艺术化处理。如在报纸各版上半版中使用超出版心的图片、插图等，极大地增强了版面的艺术美感。

（三）普遍使用“新潮版式”

所谓的“新潮版式”，并没有一个明确的界限，只有一些相通的理念。如其打破了不能变栏、不能断栏、不能通线、不能撞题、要穿插避让等清规戒律。注意让报纸在静态中自然、生动起来，变视觉的被动状态为主动状态，让读者在轻松和愉快的注意中欣赏报纸。“新潮版式”注重人的视觉欣赏习惯，注重长短搭配，重视图片的质量和运用，喜欢模块式的版面结构等等。“新潮版式”大体可以分为如下几种基本类型：

1. “浓眉大眼”的版式。

其特点是：在编排方法上，常常采用大标题，长题短文，厚题薄文，曲直线交错，色彩对比强烈，图片美观、大方，自然形成一种浓浓的氛围，直逼读者的视野。此类版式的典型代表是《北京青年报》（见图 12－1）。该报的版式特点是：以粗线分割、黑白相间（黑底反白）、招贴式的照片处理等编排手段，使报纸版面呈现出“黑脸膛（色调重）、粗眉毛（大标题）、大眼睛（大照片）、轮廓分明（粗线分割和围框）”的风格。

2. “眉清目秀”的版式。

这种版式以“简约”为设计原则。故意少用或不用电脑编排所提供的技术手段。标题不使用铺底纹、反白等装饰手段；文与文之间不用线条分割，而以空白代之，在版面上强调空白的作用。因此，这种版式显得舒朗、素净、秀雅、透气，符合当代白领读者追求“简约”、“和谐”的审美习惯。此类版式的典型代表是《人民日报》（见图 12－2）。该报的版式特点是：眉清目秀、舒展整齐、落落大方。

3. “杂志化”的版式。

“杂志化”版式指的是一些报纸的头版设计得越来越像杂志的封面。一些报纸（不只是娱乐类的报纸），为了吸引读者购买，纷纷在封面上刊登大幅影视明星、粉领丽人的头像，配以煽情的大标题和五彩斑斓的色彩，使报纸头版呈现出“杂志封面”的倾向。此种版式的典型代表是《新报》（见图 12－3）。该报的版式特点是：头版基本上只有“导读＋图片＋广告”。这样的封面，色彩绚丽、明快、抢眼、诱人，在一定程度上改变了原来报纸头版以文字信息为主的设计理念。

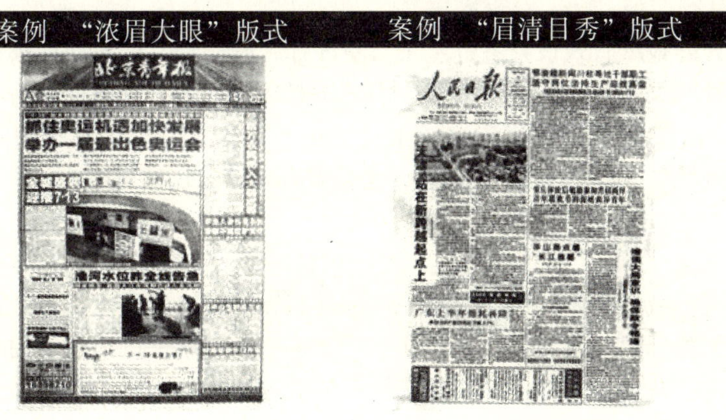

图 12－1　**“浓眉大眼”的版式**　　图 12－2　**“眉清目秀”的版式**

案例　“杂志化”版式

图 12－3　**“杂志化”的版式**

三、便于读者阅读

当代人的特点是：工作和生活的节奏快。作为为当代人服务的报纸，理应与时俱进，从各方面为读者提供便捷的优质服务。例如报纸头版“导读”的产生，就是“以人为本”的具体体现。

便于读者阅读应该说既是当代报纸设计的基本原理之一，也是好版面的主要标志之一。传统的报纸版式之所以迅速向现代报纸版式转变，就在于现代报纸版式适应了社会发展的需求，能更好地吸引和方便读者阅读。

四、重视“点睛”的艺术

优秀的报纸版式设计者皆重视对新闻标题的制作，而对新闻标题的安排也需要有特别的关照。不少大赛的评委们之所以觉得许多参赛版面的新闻标题和提要“缺少灵感”，这可能是编辑桌子上日益增多的稿件造成的。标题和提要应该有内涵、有灵气，有“点睛”之笔，这应成为编辑工作的重点之一。

五、风格统一

重视报纸各版设计风格的统一性，是编辑的基本素质之一。过去，许多版面对风格的处理只停留在各自的版面上，未形成全报统一的风格。而那些好的报纸版面，其个体风格与整体风格都是统一的。这些报纸版面，各版面间具有内在的逻辑性、运动感和节奏感。

六、有文化与地域特色

好的报纸版面设计需要强调其地区性、社会性和文化性。这一点往往是我们的编辑们在设计版面时很少考虑的。中国的报纸版式设计者往往习惯于克隆社会上认可的版式。如前些年，当《北京青年报》、《南方周末》、《新民晚报》之类的报纸版式获得大家的好评时，一时间大江南北全都是与其相类似的版式。须知版式应该具有每家报纸所在地的地域特色、民族特色及文化特色。这样做，一方面对于发行地区的读者来说有一种文化上的认同感、亲近感，另一方面也较容易把握自身报纸的个性特色。

七、图片的运用要出彩但不出格

在读者看来，一些缺少新闻价值的图片尽管很漂亮，但也会被认为是浪费版面。目前，中国报纸版面的现状是：好图片居多，但差图片也不少。在过去一段时间里，作为叙事基本方法的新闻图片逐渐减少，视觉内容被色彩，滥用技巧以及搔首异姿的矫饰代替的现象日趋严重。我们需要引起高度重视的是，对图片的运用，要出彩，但不能出格。

第三节　版面创新是时代发展的要求

变是唯一的不变。

虽然我国报纸版面改革已取得了很大的成绩，但继续深化报纸版面改革，与时俱进，不断满足广大读者对报纸版面求新、求变、求好的要求，仍然是当前和今后相当长一段时间内十分艰巨而重要的任务。

其根本原因主要有二：

一是身处市场经济社会的我国报纸，其相互间的竞争正日趋激烈，甚至到了白热化的地步。各报如拿不出绝活来，拿不出品牌版面来，如何参与竞争？

二是报纸是读者自觉自愿购买的读物。报纸的信息有效传播是读者最终选择接受的结果。版式设计的客观效果固然是要引起读者的注意，但是读者的注意是一种选择性注意。选择性注意是读者对报纸进行选择性阅读的基本心理特征。只有吸引读者的内容与艺术版式设计的完美组合，才能被读者认定为是一份精品报纸。报纸版式设计的基本法则仍然是形式反映内容，内容决定形式，内容与形式完美的统一。

实践已充分证明，版面创新，是报纸的活力之源、希望之源。美国著名美学评论家桑塔耶那曾说："出色的怪诞也是美的。"如今，在报纸版面求新、求变、求好方面，中国报纸的"老大哥"、"排头兵"《人民日报》已走在改革的前列，已成为各报学习的榜样。

2008 年元旦，读者惊喜地发现《人民日报》又换新颜，越发"眉清目秀"、"落落大方"了。一位老读者惊喜地评价道："新年新气象，整张报纸风格统一了，看着有了现代报纸的气息！"

该报此次改版，着力打造了一份更加庄重、大方、清新、现代的报纸。通过规范标题字体、分栏、线条等版面元素，版面更加简洁明快、通透清晰；适度放大富有现场感的图片幅面，增加图表、漫画、地图等视觉元素，进一步强化了新闻的表现力；重新设计后的报头、报眉、刊头等也使得报纸更具现代气息和标识特色。同时，为方便读者阅读，报纸还重新调整了版序，要闻版、新闻版和周刊专版三大板块在整体布局上更加分明。在宣传内容方面，该报开辟出了"奥运特刊"、"抗震救灾特刊"等一系列事关民生的好专栏、好专刊，深受读者的欢迎和好评。这一系列改革，直接拉近了《人民日报》与广大读者的距离。

虽然新闻改革并非易事，版面创新十分艰难，但我们始终要坚持按办报规律来办报；我们任何时候都要用改革和创新的精神来统领报纸工作的全局；我们任何时候都要清醒、明白：我们所处的时代是视觉时代，我们所处的社会是影像社会；我们任何时候都要牢记：设计人性化，感观更自由。我们不能“年年十八岁”，我们不能“自立菩萨自拜佛”；我们要“不待扬鞭自奋蹄”，我们要“众里寻他千百度”。

坚持报纸版面的求新、求变、求好，努力办出让党放心、让人民满意的报纸，这应成为全体中国报人永恒的崇高追求！

第四节　版面创新的具体方法

所谓“创新”，简言之，就是淘汰旧的，创造新的。

报纸作为一种大众传播媒体，历来是创新的鼓吹者、推动者，而它自身也面临着创新的课题。或进一步说，报纸版面的创新，每天都站在一条新的起跑线上。报纸的创新包括许多方面，如办报人思想观念的创新、报社（报业集团）组织结构的创新、经营管理体制的创新、编辑部运行机制的创新、通信手段的创新、排版技术的创新、印刷技术的创新、发行方式的创新、广告经营方式的创新、报纸版面的创新等等。其中，读者感受最直接、最真切，对报纸的生存、发展至关重要的，是版面的创新。

一、报纸版面创新应掌握哪些要领

其要领主要包括：

1. 要有大无畏的勇气，敢于向大家已经习惯或认可的版式开刀，敢于创造前人未曾见过的版式。

2. 要充分发挥想象力，努力挣脱已有版式的束缚，让思维插上翅膀，上天入地，自由飞翔。不妨假定世界上原本就没有所谓版式。

3. 要有认真、求实的态度，采用科学的方式、方法，在版式形成规律的指导下进行创造。

4. 要有锲而不舍的精神，不怕困难，不怕挫折，不达目的誓不罢休。

二、版面创新主要包括哪些具体内容

其具体方法主要有三：

（一）理念的创新

就现代报纸版式设计本身而言，它的发展、创新也体现了与时代气息合拍的设计理念。现代报纸版式求易、求异、求好的设计新理念，是当代报人与当代读

者相互交流的一种默契：求易就是让报纸尽可能满足读者更快、更多、更方便地获取信息，因而形成货架式的，简洁的版式结构；求异就是让读者在繁杂的、多向的，甚至是鱼龙混杂的信息流中，尽可能自愿地获取有效信息，因而形成与众不同、个性鲜明的版式风格；求好就是要让读者在欣赏报纸版面时感到是在欣赏一件艺术品，充满了创造性和想象力，有让人过目不忘的魅力和愉悦感。

（二）内容的创新

胡锦涛总书记2008年6月21日在《人民日报》社考察工作中指出："必须坚持党性原则，牢牢把握正确舆论导向；必须坚持以人为本，增强新闻报道的亲和力、吸引力、感染力；必须不断改革创新，增强舆论引导的针对性和时效性。"作为报纸编辑，应时刻牢记胡锦涛总书记的讲话精神，并以此来指导自己的工作。同时还要牢记的是：报纸要有好内容，才有好版式；源源不断地向读者提供健康、有益的精神食粮，永远是自己的天职。编辑要多组织从正面宣传报道稳定、鼓劲的好稿件，特别是要将关注民生作为宣传报道的重中之重。

（三）版式的创新

回想一下几年前的大多数报纸版面，还在试图表现错落有致、穿插套拼、横竖相间、厚文薄题。最有代表性的是"海派"版式，有时甚至一篇文章要从左上角开始，七扭八拐地至右下角结束。这样的版面单纯地强调形式的零碎，让人产生稿件多的错觉，而忽略了阅读的方便，违反了设计为当代读者服务的初衷。

与旧版式大不相同的创新版式，则着力倡导简洁、整齐、舒展、醒目、大图、大题、短文、模块化。创新版式适合生活在当下快节奏社会的人们快速阅读，它就是"以人为本，服务读者"办报思想的具体体现。

今后，在原有的传统版式和"新潮"版式的基础上，应大力提倡创新版式。创新版式主要包括：

1. 三分三列式版面。

即一个版面被纵向或横向分为三列，以纵向三列分割式运用最为普遍。纵向三列分割式的形式为：左右两列大多为一栏，栏宽比基本栏略宽，中间一列为二至三栏（见图12-4）。

三分三列式版面经常在使用横长方形大图片时运用，其大图片一般放在版面中间部分。

2. 窄幅式版面。

窄幅式版面，即人们经常说的"瘦报"。这种版式有标新立异的特点，是近年来开始较多地被采用的版式，其目的也是让读者阅读方便。

窄幅式版面方便读者携带，上班途中乘车阅读极为方便，备受当下读者追捧。

“大报小报化”是通俗类报纸的改良趋势，而大报的窄幅式版面可以说是这种改良的折中表现形式（见图 12－5）。

3. 模块式版面。

在模块式版面中，每一个长方形便是一个模块。一篇稿件、一幅图片或一组稿件均可组成一个规则的矩形，用围框或空白将它与其他稿件分开。如一个版面上有几则文字和图片，其版面上便有几个相互独立的模块。

这种版式将每篇稿件都框进模块里，独立成块，不与其他稿件交叉。读者读完一栏自然转到下一栏，无须像不规则的穿插式那样，在读完一栏文字后要搜寻下一栏。模块式版面的优点还表现在：它通过矩形模块对同类或相关的稿件进行组织、包装，向读者揭示一组稿件的相互关系，比穿插式版面更简洁、明确。目前，我国采用模块式设计的报纸正日渐增多（见图 12－6）。

4. 合拼式版面。

凡遇到对重大事件、重要活动、重要会议和重大节日进行报道时，目前中文报纸的对开大报或四开小报的单张版面已无法满足其宣传报道的需要。这时，就必须把相邻的两个版面合拼起来共用。这种合拼式版面的最大好处是：容量大、有气势、效果佳。虽然这种版式制作时困难较多，且烦琐，但如果真需要时，还必须全力以赴，想办法把这种版面编排好（见图 12－7）。

图 12－4　三分三列式版面

图 12－5　窄幅式版面

案例　模块式版面　　　　案例　合拼式版面

人民日报

图 12－6　模块式版面

“我们的妈妈叫中国”

图 12－7　合拼式版面

第十三章　党报、都市报、晚报、行业报的编辑

党报、都市报、晚报、行业报由于性质不同，故各自的特色、亮点也不相同。因而，充分把握其各自的办报特点和规律，对于更好地体现各类报纸的存在价值，并不断办出特色和水平，具有十分重要的意义。

第一节　党报的编辑

党报姓党。

2008 年 6 月 20 日，在《人民日报》创刊六十周年之际，胡锦涛总书记到该报考察工作时指出：作为党中央的机关报，要更好地发挥舆论引导作用，并要把此项工作放在突出的位置。

胡锦涛总书记在讲话中着重就提高舆论引导能力讲了五点意见：

——必须坚持党性原则，牢牢把握正确舆论导向。

——必须坚持以人为本，增强新闻报道的亲和力、吸引力、感染力。

——必须不断改革创新，增强舆论引导的针对性和实效性。

——必须加强主流媒体建设和新兴媒体建设，形成舆论引导新格局。

——必须切实抓好队伍建设，增强凝聚力和战斗力。

胡锦涛总书记的以上讲话精神，是当前办好我国各级党报的重要指导思想。

办好党报，要坚持的根本原则是：高扬思想旗帜，引领舆论主流。此外，还要注意办好要闻版、选好头条、办好“超市”等。

一、办好要闻版

关于要闻版选稿的标准，有一种说法，叫做坚持“五个一”。即：一个好头条，一篇好言论，一条好花边，一张好照片，一个好标题。

要闻版选稿的标准到底是什么呢？我们以为主要有三条：第一是“重”；第二是“新”；第三是“多”。

（一）“重”

即重要，或者说分量重。要闻版，顾名思义就是要刊登重要新闻。什么称得上重要？可以从不同的角度作出不同的解释。其主要有如下三点：

1. 国内外当天发生的重大事件。

2. 具有普遍意义的建设成就、典型经验、重大问题、重要理论观点。

3. 党和国家领导人的重要活动。

（二）“新”

即新鲜，或者说有新意。这是要闻版选稿需要坚持的又一个标准。“新鲜”解释起来很复杂。我们这里强调的是新闻性要强一些，可读性要强一些。之所以要特别提出这个问题，是因为新鲜的内容有时很重要，有时就不一定很重要。同样，重要的内容有时新鲜，有时就不一定新鲜。

（三）“多”

这里强调的“多”，不仅仅是稿件的数量，更是信息量。党报作为报纸，同时也是信息传播的工具，因此要闻版选稿必须注意增加信息量。

总的来说，“重”、“新”、“多”三者的关系应该是这样的：作为党报要闻版选稿的要求，必须以“重要”为主，辅之以一定数量的“鲜活”新闻，再加上必要的信息条数规定。这样，我们一直强调的指导性、可读性、信息量，基本上就可以得到保证了。

二、选好头条

头条稿件又叫“头题”，是版面上位置最显要、最突出的稿件。头版头条是每期报纸最重要的内容，有时为了显示新闻的重要程度，还采用标题字体加大或加底纹、颜色等方式进行处理。在横排式版面上，头条通常放在左上角，其强势总是最大的。我国不少报纸编辑学家认为：报纸办得好不好，是否能吸引住广大读者，在很大程度上取决于头条新闻内容和编排的质量的好坏。因为它是报纸思想性、指导性的集中体现，是每期报纸的精华所在。实践证明，选好头条是版面策划最重要的一环，是确定版面意图的关键。

如何选好头条？方法主要有二：

1. 选头条必须着眼于稿件的真正价值。对一些重大事件的报道，国内报纸不约而同地将其选做头版头条，国外的报纸也把它放在头版头条位置，就是因为发生的事件太重要了。如果把次要稿件放头条，重要稿件放在其他位置，那将是版面策划的重大失误。当前办党报，就是要努力把具有提高报纸舆论引导能力的好稿件选做头条。

2. 选头条应放宽眼界，不要有什么固定模式。只要真正有价值，不管是消息、通讯、评论，还是文件、文章、图片，也不管是什么题材的稿件，都可以用做头条。只有“不拘一格选头条”，才能使报纸常出常新，对读者保持持久的吸引力。

三、办好“超市”

“弘扬主旋律，提倡生动性。”这是业内对新时期办好党报的一个共识。党报作为综合性日报，跟专业性的报纸、周刊不太一样的地方，就在于它还是一个大的“超市”，而专业性的周刊、周报则是一个“专卖店”。一份高品质的综合性日报，不仅仅是一个大的“超市”，还应该是一个品种齐全、服务好、总体质量高的“大超市”。要办好这个“大超市”，编辑应该把握好以下的原则：

1. 提供重要、丰富的新闻信息。
2. 让读者迅速找到最有价值的新闻。
3. 办出特色，“超市”中有“专卖”。

过去，我国党报普遍存在的通病是：严肃有余，活泼不足。今后，随着我国新闻改革的不断深入，党报不仅要保持严肃的风格，而且要“微笑”起来。党报要努力做到：可敬、可信、可读、可亲、可爱。

第二节　都市报的编辑

都市报的最大特点就是按新闻规律办报，按市场规律经营，视报纸的可读性、服务性为根本，视建立切实可行的盈利模式为生命。

都市报大致在20世纪80年代前期始于中国。它们大都是由党报派生出来的，如《新京报》即是《光明日报》和《南方日报》两个党报报业集团联合创办的报纸。但是都市报毕竟与党报不同。在业内，它一般被看做是报业资源、人才资源和资金资源优化配置的结果。从这个意义上讲，它是市场竞争的产物。

目前，我国都市报有下面三个特点：

第一，尽最大努力恢复报纸作为新闻载体的固有特征，捍卫新闻的真实性和普遍性价值。不唯上，只唯实。时效性强，可读性强，改变了原来报纸作为单一的政治宣传工具而存在的功能。

第二，尽最大努力恢复报纸作为信息载体的固有特征，服务性强，信息量大，对读者有用。都市报关注民生，关注群众的需要和口味，关心群众的甘苦和冷暖，关怀群众的生存和权利。

第三，尽最大努力恢复报业作为一个产业的重要特征。既然是产业，就要按经济规律办事，就要接受市场的检验，就要投消费者所好，就要讲经济效益。

都市报的产生是我国报业兴旺发达的重要标志之一。

第三节　晚报的编辑

晚报姓晚。

晚报是对日报的重要补充。

晚报的最大特点是：生活性、时效性、多样性、地域性、民族性、社会性、文艺性、知识性、服务性、可读性皆强。

我国的晚报产生于19世纪60年代。业界把20世纪上半叶我国晚报的办报规律概括为“八字经”：新、政、评、内、社、经、文、编。可详解为：晚报的主体是新闻；报纸的发展与政治直接相关；重视评论；注意挖掘内幕新闻；反映都市生活，社会新闻量多面广；经济新闻天天报；文化体育新闻和副刊使晚报具有浓郁的文化气息；精心编排。我国实行改革开放以后，特别是20世纪90年代以后，晚报进入了大发展时期，办报思想、水平也上了一个大台阶。新时期的晚报编辑原则有下面一些特点。

第一，在坚持政治原则的前提下，从读者的需要出发，按照新闻规律办报。

第二，信息力求快速、量大、面广、有特色。

第三，以服务生活、服务民生为主，服务功能全面拓展。

第四，社会舆论监督作用有所加强。

第五，读者参与性的报道迅速增加。

晚报是目前我国读者心甘情愿购买的报纸之一。而读者购买晚报，其最根本的目的是为了购买那份彻底放松的心情和时效性。从今后长远来看，晚报的发展仍有继续上升的空间。一是晚报与日报相比占有时间优势，编辑一定要注意晚报的“时效快”的特色；二是晚报的报道空间极大，除了日报重点把守的国计民生重大新闻的报道外，晚报还有一块人们下班后、八小时之外、三百六十行以外的广阔天地；三是编辑要注意读者读晚报的环境和心态需求。晚报作为“灯下读物”，经过白天八小时的忙碌，读者最需要的是彻底的休息、调剂和放松。

总之，为读者提供优质的八小时工作之外的业余文化生活服务，这应成为今后晚报的努力方向。

第四节　行业报的编辑

行业报是我国专业性最强的报纸。

行业报的主要功能是向业内人士提供优质服务。

行业报又称产业报，是报道某一个行业或产业并提供专业服务的报纸。行业报的价值和灵魂，在于以独特的方式，把握本领域的特点，为业内外人士提供其他媒体不能提供的专业信息。

行业报具有自己独特的办报规律，这个规律就是要有行业的特点和水准。它不能让外行人看不懂、内行人看了觉得浅，这是行业报最忌讳的。它应该是外行人看得懂，内行人觉得说出了他们要想说的话，告诉了他们应该知道的事情，传播了他们想知道的信息。

业内有人认为，作为行业报的编辑，最关键的就是要根据独特的读者对象，体现新闻的独特性，而这种独特性就在于它有专业的视野、专业的评价方法和手段。行业报必须站在全局的高度，对这个行业里发生的事情进行深度的报道。它应成为这个行业里领先的理念、领先的思想的传播者，并把这个行业里最新鲜的、最鲜活的、最有价值的信息从纷繁的、众多的信息里挑出来，传播给最需要这些信息的人。

办行业报，在注意突出专业性的同时，还要适当注意突出国际性、全国性和地方性。

第十四章　图片的编辑

图片最大的特点是形象性强，特别是照片，能使读者“如见其人，如临其境”。它可以冲破语言和文字的障碍，为不同国家、不同民族、不同文化程度的读者了解和喜爱。

好报纸、好版面的重要特征之一是有好图片。没有好图片，报纸版面的“天”就塌了一半。

第一节　图片的地位和作用

西方新闻界流传着一个古老的说法：“一张照片胜过写 1 000 个文字。”（一图胜千言）这主要是说，一张图片如果用得恰当，往往能以较小的篇幅向读者传递更多的信息；而且人们可以更直接、更形象地把握新闻内容，即所谓“百闻不如一见”。

在当代中国，一个办报的全新理念是：“图文并重”、“两翼齐飞”。随着“读图时代”的到来，要办好报纸，必须越来越重视图片的作用，已是不争的事实。重视对图片的处理，已成为从总编辑到图片编辑，从文字编辑到校对，每天都要考虑的头等大事之一。

一、图片的地位

据统计，在 1992 年全国 47 家大报中，每月采用照片在 200 张以上的报纸有 31 家。其中每月采用 300 张以上的有 5 家，平均每天每报采用图片 7 至 10 幅。图片量急剧攀升的主要原因是：其一，经济体制原因。过去是计划经济体制，报业不讲经济效益，亏损由财政补贴。而现在实行社会主义市场经济体制，报业既要讲社会效益，又要讲经济效益，要靠自己抢市场、创利润来求得发展。其二，20 世纪 90 年代以来，媒介之间的竞争颇为激烈。报纸除了要与同行竞争外，还要与广播、电视、期刊、网络等媒体展开争夺受众“眼球”的竞争。为了在竞争中取胜，报纸寻到了一个法宝——图文并重。其三，高科技的发展为图片的制作及传输提供了极大的方便。因此，我们可以看到图片在版面中占有重要的地位。

二、图片的作用

图片的作用主要有二：

(一) 传播信息

图像一直是人类传递信息的重要形式之一。随着图像技术的飞速发展，新闻图片在信息传递功能中的作用更加凸显和丰富。其具体作用可表现为：

1. 图片是新闻报道的重要载体。
2. 图片可加快信息的阅读节奏。
3. 图片传递的信息更加真实、丰富。
4. 图片可拉近与读者之间的距离。
5. 图片表达的主观意识更加隐性。

(二) 美化版面

其主要功能有：

1. 形成版面的视觉中心。
2. 体现报纸的风格和形象。
3. 提升报纸的品质。

自20世纪90年代中期以来，中国一批比较新锐的报纸越来越重视图片的使用。比如，《中国青年报》提前完成了从“画刊版”向“报道摄影版”的转变，并在1995年将原来每月一期的摄影报道版面扩充为每周一期。《南方周末》、《北京青年报》等也各自开辟了每周一期或多期的摄影专版。在西安独领风骚的《华商报》的办报思路也是大图片、大标题、短消息。该报有一句很著名的话叫“五步三秒”，即这份报纸摆在报摊上，最抢眼的必须是图片，读者看一眼，在三秒钟内走路不超过五步，就会决定要买这份报纸。所以，图片比文字的标题更能吸引人。

第二节　图片来源和选用标准

一、图片的来源

报纸的图片来源主要有：

1. 本报摄影记者所拍的。
2. 本报文字记者所拍的。
3. 其他媒体摄影记者所拍的。
4. 本报签约自由摄影师所拍的。
5. 新华社图片库提供的。
6. 采访对象个人提供的资料照片。

7. 政府部门或公共机构提供的照片。
8. 企业公关部门提供的照片。
9. 编辑部自己的图片档案库所存的资料照片。

二、图片的选用标准

1. 照片反映的内容是真实的、自然的，而不是拍摄者摆拍或假造制作出来的。
2. 照片反映的内容具有新闻价值。
3. 照片的画面形象具有视觉冲击力和感染力。
4. 照片画面上的景物层次丰富、对比清晰、制作精良，有利于制版印刷。
5. 照片反映的内容具有正面的社会效果，力戒副作用。
6. 照片的内容和形式符合报道的特点。
7. 具有独家性。

第三节　图片安排的主要形式

报纸上的图片包括照片、图表、漫画等。图片安排主要有以下五种形式：

一、照片配合文字报道

配合文字报道有两种形式。一种是直接配合，图片和文字报道反映的是同一人物、同一事件（见图 14－1）。另一种是间接配合，图片和文字报道反映的不是同一人物、同一事件，但在内容上有一定的联系。

二、独立编发的新闻照片

在编发新闻照片时，大多数情况下只有一幅，有时是两三幅，配以标题和简短的文字说明。独立编发的新闻图片有两类：一类是“图片新闻”，作用类似于简讯或消息，以图片反映报道对象最典型的场面与瞬间，以简洁、明快、直观的方式传递新闻信息（见图 14－2）。另一类是特写性的新闻摄影报道。以特写性镜头表现新闻对象的典型瞬间的典型特征，刻画其局部或细节。特写性新闻摄影的作用类似于文字报道中的“新闻特写”，在时效性上一般比图片新闻弱，但比图片新闻更有深度、艺术性和表现力。

三、编排图片专栏和画刊

图片专栏和画刊都是用一组图片来表达同一个主题的，以增强宣传的声势和丰富报道的品种。图片专栏的内容强调新闻性，相当于新闻集纳。画刊是图片专栏的放大，一般占一版或大半版，相当于专刊。内容可以是新闻性的，也可以是文艺性的。图片专栏和画刊除了主题要集中外，还要注意编排的艺术性，力求生动活泼、和谐一致（见图 14－3）。

四、图　表

从表现形式上看，报纸新闻图表多为平面显示图表，主要是用几何图形（点、线、面）报道新闻，常见的形式有表格和图形等。一幅新闻图表往往包括数字、线条、图案和色彩等多种视觉信息元素。图表运用得好，可以弥补照片无法反映但文字又表达不准的缺憾。

新闻图表传递的新闻具有直观、准确、翔实、灵活和生动的特点。科技新闻、财经新闻报道由于专业术语多、数据多，只用文字报道显得枯燥、可读性差，容易给读者造成阅读障碍。运用新闻图表，把文字转化为图表，可以把新闻事件以及相关背景直接呈现给读者。在这两类新闻报道中，新闻图表的运用最为常见（见图 14－4）。

五、漫　画

漫画是报纸的一种传统的图片类型。早在清朝末年间，我国报纸上就开始刊登漫画了。在报纸有了很大发展变化的今天，漫画仍然是报纸版面上深受读者喜爱的一个重要表达方式。漫画与其他画种一样都是造型艺术，但是它又有自身的特点，那就是高度夸张、灵活多变的表现手法。这种表现手法常常巧妙地引导读者产生许多联想，从而对作品所描绘的题材获得深刻的认识。漫画的主要类型有政治、社会性漫画，漫画插图和幽默画等（见图 14－5）。

案例　照片配合文字报道　　案例　独立编发的新闻照片

新民晚报

北京时间今天上午10时35分

伊拉克战争打响

美对伊军事打击开始

图 14－1

STARS AND STRIPES

U.S. attacked

图 14－2

案例　图片画刊

Wen Hui Bao

文匯

环球视窗

2005：人类面对地球的愠怒

图 14－3　模块式版面

案例　图　表

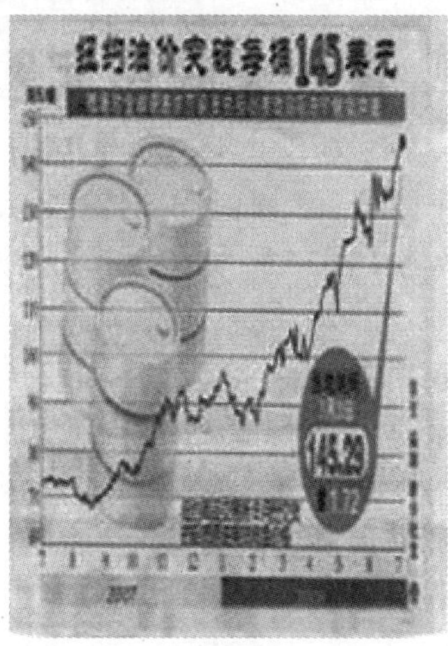

图 14－4

案例　漫　画

图 14－5

第四节　图片的设计制作

报纸版面上需要的图片，是要由编辑人员来设计制作的。通常，它的步骤是：

1. 根据版面编排的需要，先确定所需要图片的画面尺寸的大小。如高、宽。

2. 然后将原件放大或缩小。如果原件的画面不理想或不符合要求，则要先进行裁剪。由于原件通常都远比版面所需的画面大，因此，图片的制作，主要是缩小的问题。

3. 在确定好版面所需图片画面的尺寸后，即把图片原件翻过来，在背面画一条对角线，再在线上取一点向上画一条垂直线，向左画一条平行线，即是所需要的画面的尺寸。

这种“对角线画法”，是根据几何学中的相似形原理制定的，它能按比例缩小或放大，使用起来十分方便，也十分准确可靠。唯一要注意的是，在画对角线时，一定要把图片四周的白边裁剪掉（如不能裁剪，也要想法从画面中除去部分篇幅），否则，画出来的图形就会有误差。白边越大，误差也越大。这样，就会使制作出来的图片不合规格。

第五节　图片的文字说明

很多编辑认为，图片说明是与报道的导语连成一体的，它起着解释和增强导语的作用。不少编辑基于这种认识而写出了成功的图片说明。现在仍有很多编辑并不重视对图片说明的写作，这将会影响读者对版面内容的理解和进一步的阅读。

在给照片撰写说明的时候有几点需要注意：一是新闻照片与说明文字之间，是以照片为主，文字为辅。所以说明文字要简明扼要，画龙点睛，并且留有余地，让读者去思考。文字是为图片服务的，切忌长篇大论、喧宾夺主。

二是新闻图片的说明文字和图片一样，都存在着政治上、事实上、文字上的差错。新闻图片编辑人员要认真审核这些图片的说明文字，不能因为只有短短的几行甚至是几个字而马虎，这样轻则失实，重则会犯政治性错误。

第十五章　专栏及专版的编辑

专栏是报纸版面上自成格局的布局整体，是编辑稿件的重要形式之一。它就如城市里的一个个公园，装点着城市里的美丽和芬芳。

一份报纸，一般都有几个专栏。如果把专栏办好了，那么，这份报纸也就有特色了。

第一节　专栏的概念

专栏是报纸上专门辟出用以刊载有共同性稿件的自成格局的局部版面。

专栏的名称叫“栏目”。如《人民日报》的“人民论坛”专栏中的“人民论坛”几个字，就是栏目。平常人们常用“栏目”来指整个专栏。比如说，某某报开辟了一个新栏目，就是指该报又创办了一个新专栏。专栏最明显的外部特征，是附带一个标有栏目名称、所占面积不大的美术作品（“刊头”），用以表明类别和性质。现代报纸的各个版面，都有一些常备栏目和临时性栏目，使版面分工和各版性质得到更充分的体现，并为读者有选择地阅读提供参照物。好的栏目，一问世就会成为版面上的“亮点”，久而久之则成为报纸的“名牌”和“拳头产品”。

当然，并不是所有的专栏都有栏目。临时组合，只刊登一次的专栏，可以没有栏目，而以栏题代替。一般是连续刊载的专栏才设栏目。

专栏的栏题，就是统领专栏中几篇稿件的总标题。它往往用来表明这个专栏的中心思想。临时而设的一次性专栏，是由单篇稿件组成，它们没有栏目，所以必须有栏题。

专栏的四周要围框或勾线，它是版面中的一个“小天地”，也可以叫“园中之园”。

组成专栏的稿件必须有某一方面的共同性，或者是同一主题，或者是同一内容，或者是同一体裁，或者是同一特征。

画专栏，如同经营自留地一样，需要辛勤耕耘。

在画一个专栏时，要把它当做一个“微型版面”来看待，也要讲究变化和统一。其规则与画一个大版面相同。

专栏可以起进行深度报道，归纳文章内容和活跃版面等作用。编辑制作专栏时，要努力使其具有新闻性、群众性和可读性。

第二节　专栏的种类

专栏可分为单一性专栏和集纳性专栏。

单一性专栏：每一期只发表一两篇稿件，是连续性的。其稿件的共同性在连续报道中表现出来。因此，单一性专栏的设置必须相对稳定，约稿或组稿要从长计议，单一性专栏在副刊中运用得最多。编辑要注意让其有固定的栏目，最好版面的位置也相对固定，便于读者阅读和投稿。单一性专栏的例子很多，如《人民日报》理论版上的“思想纵横”栏目等。

集纳性专栏：由多篇稿件集合而成。它的共同性是通过集纳表现出来的。此类专栏，有连续性的和非连续性的两种。连续性的集纳专栏较常用，有固定的栏目，如《云南日报》第二版上的“汶川大救援　云南大行动”专栏（见图15－1）。非连续性的集纳专栏，较少用，没有固定的栏目，常以栏题代之。如《光明日报》2008年6月16日第九版上的“抗震救灾英雄少年”候选人事迹专栏等。

怎样编好集纳性专栏?

第一，集纳性专栏是由若干篇稿件集合而成的。不同的集合，可以表现不同的思想，这就要求编辑在组织专栏时，要根据稿件的内容和报道的要求，从特定的角度对稿件进行取舍和集合，从中提炼出具有普遍意义的新颖主题。

第二，集纳性专栏可以用较小的版面容纳较多的稿件。这就为一些非中心报道开辟了用武之地，这种专栏有利于扩大报道面。编辑在组织专栏时既要注意中心工作，也要注意非中心工作，以发掘那些有意义但平时又很少报道的题材。

第三，集纳性专栏要求每篇稿子短小精悍而又各有特点，合起来能够表达一个比较深刻的主题。这就要求编辑对稿件进行精心修改，突出特点，避免雷同。这类稿件往往一篇稿件只选取一个角度。

第四，集纳性专栏能变分散为集中，有较大的声势和力量。当报纸缺少头条时，可以把一些反映重要问题而单发又难以充任头条的几篇稿件合成专栏，作为头条发表。

第三节　专栏的体式

专栏的格局在版面上的占位就是专栏的体式。专栏分为立式、卧式、拐式、合成式。

一、立　式

它的高度大于宽度。这类专栏占位多是在版面的四角，但是高度不能高得像“通天式”，它的宽度也不能超过通栏宽度的4/5。如果过宽，在它占位的任何一侧所出现的弄堂式胡同都不好安排其他稿件。因此，一定要掌握好专栏本身的高度和宽度的比例。

二、卧　式

它的比例与立式相反，它的高度小于宽度，呈扁长方形。由于版面宽度的限制，它所占位的左或右方都要留有余地，这种余地一般不得少于两栏。

三、拐　式

它具有立式和卧式的某种特点，是立式和卧式的结合，它的高度和宽度也要讲比例。它分各种拐法，如其在版面上的占位不同，所使用的拐式也不同。因此，不同的版面条件要用不同的专栏版式。

四、合成式

它是由两个同形而反向的框组合而成的版式。这种版式的正文字数都是均等的。否则，就很难保证正文相互间对等的倍数和应有的行数。

以上四式，在排法上首先要注意一个共同性的问题，就是要保证各篇稿件体积的大小相等和计算字数的准确性。其次是在对标题的处理上，要掌握各种排法，要以内容定题式。最后，专栏上用的刊头、照片、插图和头脚花的设计都要微型化，构思要精巧，画面要秀气，以与大版面相区别。

第四节　专　版

专版是由有共同性的稿件组成的整个版面，也就是占有整个版面的专刊。

专版主要是专题性专版。如《人民日报》的“体育新闻”、《光明日报》的“经济社会”等。这些专版的稿件在大的内容上具有共同性，但每篇稿件的具体内容、角度、体裁不一样。专版的内容要求丰富多彩，形式要求生动活泼。编排专题性专版要精心选择稿件，注意要搞好花色品种的搭配，讲求版面的美观，图文并茂。避免单调、死板，切忌凝固化。专栏可放在专版中或独立于专版之外。

专版相当于“大超市”中的“专柜”。专版对编辑的专业化程度要求较高。编辑对版面所涉及的领域和知识应有广泛和深入的了解，才能保证新闻的质量。

选择哪条稿件做专版的头条，也要编辑有敏锐的新闻眼光。

将专版放大便是专刊、特刊及号外。出专刊、特刊及号外是宣传的需要和报纸竞争的一种特殊手段，但只有遇重大或极为重要的新闻事件发生时，才有必要设立。例如《人民日报》在 2008 年 5、6、7、8 月间设立的“抗震救灾特刊”及“奥运特刊”（见图 15－2），就产生了极好的效果。

案例 集纳性专栏

好防汛抗洪工作

确保茶叶产业持续健康发展

汶川大救援 云南大行动

特别的儿童节

我们吃的苦微不足道

案例 奥运特刊

奥运特刊

7 座奥运城市开始冲刺

奥运圣火辉映黄河两岸

图 15－1　　图 15－2

第十六章　副刊的编辑

副刊，是中国报纸的一大特色，有“心灵的鸡汤”之美誉。因此，办好副刊，对于办好报纸具有十分重要的意义。

第一节　何谓报纸的副刊

报纸的副刊，是报纸上的一种内容和形式都跟新闻版有所不同的特殊版面。

中国古代报纸没有副刊。19 世纪初，中国第一份中文报纸《察世俗每月统传》已出现副刊类的文字，如随笔、杂谈、诗词、小品等。当时这类内容与新闻排在一起，位置不固定，还没有形成相对独立的形态出现在版面上，因此只能称其为副刊的先导。

进入 20 世纪以后，许多报纸都设有副刊。有的是另附一张甚至几张，有的是在整张报纸上开辟出一个专版作为副刊。到 20 世纪 90 年代，有的报纸在原有副刊的基础上先后发展起了周末版和大周刊。

报纸副刊是报纸的有机组成部分，它是对报纸正刊的重要补充。它虽不同于新闻版，但仍有新闻性、文艺性、知识性、综合性、趣味性等特点，以满足读者实用、娱乐和消遣的需要。

思想性是指副刊要注意对舆论导向的引导，要重视对“八荣八耻”和社会主义核心价值体系的宣传。新闻性是指副刊的文章要有新意、有新鲜感和时效性。即使谈历史的文章，也要对现实有借鉴作用。文艺性是指副刊要有文艺色彩，目的是为了丰富和指导群众的文化生活。知识性是指副刊要向读者提供广泛的科学知识。好的副刊就如同一本小的“百科全书”。综合性是指副刊的内容要丰富多彩，涉及面要广，读后要让读者在各方面都有所收获。趣味性是指副刊要多刊登一些好玩、好笑、有趣的内容，以减轻现代人紧张和压力大的工作。副刊的文章取材角度与新闻、评论不同，往往从侧面取材，以小见大的写。

报纸副刊的特性，决定了它同新闻版相配合，能共同构成一份完整、和谐的现代报纸。

第二节　报纸副刊的类型

报纸的副刊有多种多样，有国际副刊、科技副刊、家庭副刊以及文、史、哲、经、教、法、卫、体等专业副刊，但最常见的是文艺副刊。

办好文艺副刊，可以扩充报纸的内容，活跃报纸的版面，增添报纸的情趣，调节其他版面的严肃气氛，使报纸更富有知识性和可读性，对读者更具有吸引力。

具体来分，文艺副刊又可分为综合性文艺副刊和专业性文艺副刊。

综合性文艺副刊：以文学形式反映社会生活各个领域的副刊，面向较为广泛的读者，具有普遍意义。它既带有文艺色彩，又有综合性。它主要刊登杂文、散文、诗歌、报告文学、小说（短篇或长篇连载）、书评、剧评、影视评论、书简、科学小品、美术作品等。一般篇幅比较短小，注意从侧面选材，生动活泼，以小见大（见图16－1）。

专业性文艺副刊：专门反映文艺界人士及其创作活动的副刊。由于其限于文艺一个领域，有别于上述综合性文艺副刊。广大读者，尤其是青少年，对于文艺界人士，特别是歌星、影星、武星的成长历程、敬业精神、创作过程及其成果，还有他们的个人生活，向来是为青少年所感兴趣的。因此刊载这类内容的专业性文艺副刊具有较强的趣味性、愉悦性和吸引力（见图16－2）。

图16－1　　图16－2

“希望能看到更多有趣的专业性副刊内容。”这是当代广大年轻读者十分强烈的呼声。因此，报纸编辑在办好综合性文艺副刊的同时，也要想尽办法办好专业性文艺副刊，而且要专业、生动。因为当今社会正由一个工业社会逐渐转变为后工业社会。从文化特征方面来分析这种社会转型对大众文化需求的影响，可以看出，在后工业化社会里，读者的兴趣和爱好已变得较少有集中性，且呈现多样化。读者对文化的需求没有一个固定的模式，他们对以往单一的文化模式已感到厌倦，转而分化成了兴趣、爱好各异的亚文化群体。

第三节　如何办好报纸的文艺副刊

一份报纸的文艺副刊的特色，除了应具有文艺副刊应有的特色外，还应该办出该报独特的风格。这种风格应该是内容和形式的有机结合，但有的也从某一方面的特长或独到之处体现出来。如有的以发表优秀文学作品见长，有的以长期开辟某一个专栏见长，有的以刊登连载作品吸引读者见长，有的甚至以某个或某些专栏作家的文章见长等。

文艺副刊要经常发表优秀的文艺作品，包括短篇小说、散文、诗歌、杂文、报告文学、图片、书法、绘画等，还要经营好中长篇文学作品的连载。杂文是很受欢迎的文体，应常刊登。知识性和趣味性强的小品也不能忽视。好的美术、摄影以及书法作品也能使文艺副刊锦上添花。

文艺副刊要由内行来办，才能办好。这里说的内行，当然不是说非作家、艺术家不可。而是指文艺副刊编辑既要懂新闻，会办报，又要懂文艺，知道怎样编辑文艺副刊。副刊编辑要明确认识到：一方面，副刊不能完全独立于报纸之外，它要服从于总的办报方针和指导思想，要配合报纸在某一个时期的宣传重点。另一方面，副刊是具有自身特色的版面，在内容和形式上都要与其他版面有明显的区别。在内容上，它不以新闻和正面论述形势、方针、政策的言论以及文艺性不强的文章为主，而是侧重于丰富人们的精神文化生活，满足人们对文艺作品的审美需求。在形式上，它主要发表形式多样的文学、艺术作品为主。在版面安排上，它更要具有活泼、美观、大方，图文并茂，给人以通灵、俊秀之感。另外，文艺副刊的形状常呈现扁长形，标题字的字体、字号较多样化等。

有经验的文艺副刊编辑，与读者都有较广泛的接触。常听取读者的意见，了解他们的愿望和要求，这是办好文艺副刊不可缺少的。另外，文艺副刊编辑还应加强同文艺界知名人士的联系，请他们当参谋或当专栏作家，以提高文艺副刊的品位、知名度和吸引力。

目前，报纸的文艺副刊也出现了变化。由小说、散文、诗歌、杂文四大件构成的纯文学色彩的传统文艺副刊出现了萎缩之势。随着网络媒体的兴起，网上论坛、网上聊天随之流行起来，文艺副刊对读者的影响日渐减弱。因此，一些报社的编辑，正在改变文艺副刊的内涵，使之从过去单一的文学、艺术内容，扩展到影视、时尚、旅游、家庭、情感、收藏等方面。副刊从过去注重文学性发展到了如今的强调娱乐性和服务性。

新时期报纸文艺副刊编辑的策略是：更加注重办刊格调和文化品位，以区别于新闻版；更新观念，用更贴近时代的文字和更丰富的内容进行开拓；要加强策划，增强新闻性，多刊读者关心的热门话题；弘扬历史文化、民族文化和地域文化；强化副刊的生动性、信息容量和思想蕴涵深度；要多请名人写精品，还要努力发掘副刊撰稿新人。

第十七章　报纸电子编辑工作及流程

信息时代和全球经济一体化正改变着人们的生活，也改变着人们的工作方式。今天的报纸编辑不仅要通晓传统的采编业务，而且还应具备一个当代编辑的基本素质——熟练地掌握当代报纸的电子采编流程及运用。

第一节　报纸电子编辑应具备的素质

随着电子出版系统的问世和不断改进，20 世纪 90 年代以来，我国报业系统陆续从单纯的激光照排向采编全过程的计算机化迈进。记者用电脑写作、发稿，美术编辑用电脑画版、制图，主管编辑用电脑调度、指挥。告别纸与笔现已在绝大多数报社变成现实。

这对于报纸编辑的技术能力和要求也就越来越高。主要包括与新闻传播有关的现代通信手段、语言工具、技术设计等等。所以越来越多的报纸编辑继“换笔热”之后，又掀起“上网热”。重新学“写字”和重新学“走路”，已成为当代报纸编辑的技术门槛。采、编、改、排、签字等每个环节都全部在网络上进行。

目前，越来越多的编辑、记者利用互联网检索、浏览各类信息，由此得到大量的新闻线索；编辑、记者还可以利用互联网数据库发掘各类新闻资料，甚至利用电子邮件进行远距离采访、调查。比起传统的编辑手段来，网络电子编辑方法更为轻松、活泼、幽默，互动性和时效性也更强。

电子报纸编辑工作要求合格的媒体从业人员不仅要懂得采写和编辑稿件，而且还必须懂得报纸的电子编排及新闻稿件的数字化处理及管理。

具体来说，电子报纸编辑还必须熟练地掌握“Photoshop”（图像处理的最佳选择）、“Illustrator”（具有强大的图形设计功能）及“方正飞腾”（可应用自如、丰富多彩的排版、组版、发排软件），这三个是当代美编必须精通的电脑软件。

第二节　报纸电子编辑流程

何谓报纸编辑流程?

以前一期报纸出版完毕至下一期报纸出版完毕的24小时为一个周期，编辑在这一天中对各工序的安排程序就是报纸电子编辑的工作流程。在这样的前提下，报纸电子编辑工作通常是从网上接收，先策划，再派记者往前线采写稿件是编辑流程的开始。经过分类、筛选，分别送到不同的专业部，再由专业部的编辑选择、加工，变成备用稿，必要时配评论、按语、资料、图标等。最后，这些备用稿转到版面责任编辑手里，再作选择、修改和定稿，然后交由专业版式设计人员进行编排，并将大样送校对、检查人员审阅，最后由报社有关负责人签发。

从报社内部来看，报纸编辑流程完全成为一种网络上的运作之后，不但工作效率显著提高了，而且这一流程本身的运转更加合理，并最大限度地利用了信息资源。现代科技推动了报纸编辑业务的改进，带动了报纸质量的提高和形象的改观。如计算机新闻处理系统配合使用数码相机、扫描仪及现代通信技术，正在逐渐淘汰传统的暗房冲片及晒版工艺，新闻图片处理进入了高质量的数字化与快速网络传输的新阶段。在新闻处理系统中，新闻图片设有独立的部门库、版面库、见报图片库，能像文字稿件一样投送、转投、签发、改签，并且图片的每一步流动都有历史记录。编辑能够在自己的电脑上对图片进行缩放、剪裁及其他加工。在版面编排方面，激光照排系统的运用使标题与正文的字体、字号变化空间更大，电脑还可以帮助设计制作出各式各样的图表，使报纸的版面语言更为丰富。这些新技术的运用推进了报纸编辑业务的创新。从报道的组织策划，到稿件的修改、版面的设计，方式更多了，技巧也更高了。此外，卫星接收和传版系统的运用使报纸能够在异地多点印刷，保证了新闻传播的时效性，提高了报纸的服务质量。

总之，报纸电子编辑流程，是现代科学技术发展的产物，是报纸领域的一场革命。这场革命，必将促进中国报业的大进步和大发展。

第三节　版面设计与电子排版

目前，我国主要大报是用专业美术设计的人来设计版面。这些人可以做到版面设计与电子排版同时在电脑上完成。并可在印前随时根据需要调换作品，快捷方便。所以在现在的编辑部里是很难看到传统编辑部门中堆积如山的所谓的“原稿”。现代报纸电子编辑工作对美编的要求也是极高的。它要求美术编辑既要有扎实的美术设计能力、审美能力、艺术修养和广博的科学文化知识，又要精通电脑设计的排版软件及熟练掌握整个报纸电子编辑流程。

众所周知，电子照排是采用电子计算机激光照相排版系统编排版面的新兴工艺。它是计算机应用的一门边缘学科，兴起于20世纪70年代的美国，在20世纪80年代逐渐趋于完善。目前我国各报纸普遍使用“北大方正”电子照排出版系统。

电子照排系统的工作程序大致如下：先由录入终端机排字，再通过打印机打出稿子小样，并在录入终端机上进行校正、修改。拼版由组版终端机进行。组版终端机的屏幕与报纸版面的形状类似，相当于版样纸，以便于组版时有直观效果，它具有排字和拼版的多重功能。一般而言，操作人员从录入终端机上将排好小样的稿子调入，根据编辑设计好的版样排列在组版终端机相应位置上，然后通过各种指令对排在组版终端机上的稿子从标题到正文进行加工、装饰，并可任意移动其位置。由于组版终端机内储存记忆的字体大大超出以前的铅字，而且还可以通过任意倾斜、旋转、镂空、勾边等手段来变形，因而大大拓展了汉字的美术创造空间。特别是各种花边、线条的排列组合，丰富了版面的编排手段，加之组版终端机可以非常方便地改字、增字、删字、分段、接排，任意移动及改变字体、字号、字距、行距、样距等，因此排版工作非常方便并富有创意，大大提高了工作效率。排版完毕后，可将信息存入主机。

照片由图片扫描仪事先输入主机，然后与从组版终端机输入主机的版样合成一版，最后通过激光打印机打出大样，并在组版终端机上做终审大样的工作。待大样审定、修改完毕，开动激光照排机，拍出版面的底片，最后进入制版、印刷程序。

以上工作，既是报纸美编每天的“必修课”和“家常便饭”，也是需要不断学习和探讨的富有挑战性的工作。只有用创新的观念来支配行动，美编才可能不断设计出好版面来，工作也才会越做越有乐趣，越做越有前途。

后　　记

出版一本与自己喜爱的工作和研究领域有关的学术专著，一直是我多年苦苦追求的目标。

出版此书，主要有如下两个考虑：

1. 了一个自己十七年前的出书愿望。十七年前我在云南大学成人与职业技术学院新闻专业上《报纸编辑学》课时，该院曾将我的上课讲义油印成《报纸编辑学》自学指导下发给学生，学生对此反应极好。当时，我曾想把这本自学指导作正式出版，但因种种原因，始终未能如愿。其后，不管在哪里上这门课，我都一直用的是这本油印的自学指导。当然，也适时作了大量修改和补充。现在能正式出版此书，真乃了了我人生的一大夙愿。

2. 报纸编辑是一门艺术，也是一门遗憾的艺术。尽管该学术领域精英荟萃，成果丰硕，但因其是一门发展、变化着的学问，自然少不了会留下些许遗憾。而唯因其有遗憾，这门学问才显得更具有魅力。我曾做过多年的报纸主编，并一直在大学里教此课程，平时也从未中断过对此学问的关注和研究。时间一长，总有不少不能不说、不吐不快的话。此次出版此书，也可算作是我对此门学问能尽可能少留下些遗憾所做的一点微薄的理论贡献吧，权作与大家一起分享。

在写此书的过程中，自己非常荣幸地得到了云南日报报业集团副社长、总编辑徐体义先生的热情帮助和具体指导，在此深表谢意。

敬请有关专家、学者批评指正。

特为记。

和家胜

2008 年 7 月 8 日于云南大学东陆园